Grand-père décédé
Stop
Viens en uniforme

PERSPECTIVES CRITIQUES

Collection dirigée par Roland Jaccard

et Paul Audi

François Vigouroux

GRAND-PÈRE DÉCÉDÉ STOP VIENS EN UNIFORME

Récit

Presses Universitaires de France

DU MÊME AUTEUR

L'insurrection (roman),
Julliard.

La nuit, les miroirs... (roman),
C. Bourgois.

Les naines blanches (roman),
C. Bourgois.

CHEZ LE MÊME ÉDITEUR

Le secret de famille (essai),
PUF, coll. « Perspectives critiques », 1993.

L'âme des maisons (essai),
PUF, coll. « Perspectives critiques », 1996.

L'empire des mères,
PUF, coll. « Perspectives critiques », 1998.

ISBN 2 13 051469 3

Dépôt légal — 1re édition : 2001, février
2e édition : 2001, mars

6, avenue Reille, 75014 Paris

Sommaire

Prologue. Où l'on découvre l'identité de Michel Vingtras 5

1. *Où Michel Vingtras entreprend de reconstituer l'histoire de sa famille, consulte les registres de l'état civil et boit du vin violet près du village de La Ribeyre* 9

2. *Où la mort de Marie plonge le veuf et l'orphelin dans un durable désespoir et où le petit Alexandre se met à briller comme un astre pour que son père puisse le voir* 18

3. *Où l'on trouve le portrait d'un disparu et la photographie d'une ferme abandonnée, et où l'on finit par avoir des visions* 32

4. *Où les Vingtras partent à la recherche d'un continent perdu, s'installent en Algérie, affrontent la sécheresse et périssent sous les eaux* 40

5. *Où l'on feuillette des albums de photographies pour voir le visage des morts, et où l'on visite des cimetières pour connaître leur nom* 56

6. *Où l'on voit comment la culpabilité assure les progrès de l'économie et où Alexandre le Grand devenu notaire conquiert les titres et les terres* 65

7. *Où l'on fouille dans les malles, les coffres et les caisses, et où l'on entrevoit comment la petite Germaine a essayé de vivre avant de se soumettre* 90

8. *Où la fille d'Alexandre tombe malade d'amour et où le père et la fille s'enferment dans leur donjon pour mourir ensemble* 101

9. *Où l'on découvre le rêve du fils dans le livre du père* 123

10. *Où Camille Vingtras traverse la forêt de Brocéliande, se bat et se débat avec les sortilèges avant de jeter son uniforme aux orties* 135

11. *Où le fils découvre le père et où l'on voit le prix à payer pour rompre le cycle des répétitions* 157

Prologue

Où l'on découvre l'identité de Michel Vingtras

Ceci est une histoire vraie.

Je la tiens d'une personne que je ne suspecte d'aucun mensonge ni d'aucune dissimulation, et qui ne m'en voudra pas d'étaler sans pudeur au soleil les tripes de sa famille.

C'est de moi-même et de ma famille, en effet, qu'il s'agit.

Après avoir raconté dans de précédents ouvrages les histoires des autres, il me fallait bien donner au lecteur quelques-unes des miennes. On lira donc dans les pages qui suivent l'histoire de ma famille paternelle, celle d'Alexandre Vigouroux, mon grand-père, que je n'ai pas connu, celle de Camille Vigouroux, mon père. Elle s'étend sur une période qui va du dernier tiers du XIXe siècle à la veille de la Seconde Guerre mondiale.

Ce récit raconte comment, faute de trouver chez lui sa place, Alexandre s'employa à établir son territoire et ce qui s'ensuivit pour sa famille et pour ses enfants. Il relate en même temps la quête que j'ai entreprise pour reconstituer les événements, rassembler des informations éparses, mettre au jour des secrets de famille soigneusement dissimulés.

Pour des raisons littéraires – mais sous lesquelles le sagace lecteur saura sans doute percevoir quelque inquiétude ou quelque réticence maligne ! – j'ai choisi de mettre ici en scène un double de moi-même qui s'appelle Michel Vingtras. Ce procédé m'a permis d'écrire avec une plus grande liberté cette histoire souvent tragique et de garder la maîtrise d'un récit qui est d'abord fait pour être lu le plus agréablement possible.

Si proche et brûlante était encore cette histoire familiale ! Si forte encore, la présence de ces personnes ! Pour rendre compte de leur vie, il me fallait prendre quelque distance. Le travail de reconnaissance est d'abord, dans ce domaine, un travail de distanciation. L'emploi du je n'est pas un gage d'implication ni une garantie d'authenticité biographique.

Du coup, ma famille prend tout au long du livre le nom de Vingtras et perd celui de Vigouroux. Ce nom est naturellement emprunté à l'œuvre de Jules Vallès, l'auteur de *L'Insurgé*, qui était comme mes ascendants originaire de la Haute-Loire, et il m'a paru convenir mieux que tout autre à cette famille dont le cheminement fut difficile.

Je ne quitte donc la scène qu'en apparence, et j'invite maintenant le lecteur à découvrir avec Michel Vingtras comment les événements psychiques s'organisent en chacun de nous, et à voir quel rigoureux déterminisme nous pousse à accomplir l'implacable et féroce volonté de nos ancêtres.

1

Où Michel Vingtras entreprend de reconstituer l'histoire de sa famille, consulte les registres de l'état civil et boit du vin violet près du village de La Ribeyre

De sa place, près de la fenêtre, il pouvait voir les toits rouges de la petite ville qui brillaient au soleil et, tout proches, les jardins où les potirons faisaient de lourdes taches jaunes. Autour de lui, c'était la petite foule des généalogistes du mois d'août. Ceux qui profitent de leur temps de vacances pour revenir sur les territoires où ont vécu leurs ancêtres et tenter d'élucider le permanent mystère des origines. Ils avaient fait le siège des mairies et des paroisses, ils avaient visité les cimetières pour noter des noms et des dates inscrits sur les tombes, ils avaient interrogé les notaires et fouillé dans les papiers de famille. Et maintenant, renonçant à tous les charmes d'un été ensoleillé, ils étaient venus s'enfermer dans la salle des Archives départementales pour consulter de très anciens registres de l'état civil.

Ils étaient appliqués, recueillis même, comme s'ils célébraient un culte des ancêtres. À la table voisine de la sienne, une sorte d'officier en retraite – les cheveux taillés en brosse, l'épaisse moustache dorée par la nicotine – lisait un gros recueil d'actes notariés et semblait y prendre un plaisir extrême. En face, un couple consultait des registres en essayant de résoudre quelque énigme familiale ; ils y parvenaient sans doute, car leur enthousiasme ne cessait de croître, et leurs chuchotements se transformaient périodiquement en murmures, puis en dialogues dont on ne pouvait rien ignorer : « Mais alors, s'il est mort à cette date... – Alors il ne peut pas être le véritable père ! » Toujours les mêmes interrogations sur les obscures racines de la filiation. Tous les regards se portaient vers eux, ils se sentaient fautifs, ils baissaient la tête et reprenaient silencieusement leur travail de détective.

Et, comme eux, à la recherche de lointains ascendants, Michel Vingtras feuilletait des actes de naissance, de mariage et de décès.

*

De l'histoire de sa famille paternelle – celle-là seule dont il sera ici question –, il avait toujours su juste ce qu'il fallait pour n'avoir pas à poser de questions.

Son entourage familial était des plus réduits. Il n'avait pas connu ses grands-parents, il n'avait ni oncles ni tantes, pas de cousins ni de cousines : personne avec qui parler de ce qui s'était passé avant. Et son père lui-même n'avait pour ainsi dire jamais évoqué une histoire dont il entrevoyait vaguement qu'elle avait pu être douloureuse.

Dans la grande maison de famille où, enfant, il avait passé de longues vacances solitaires, il y avait pourtant autour de lui les innombrables témoignages de l'histoire passée. Des meubles, des bibliothèques remplies de livres et de revues, des tableaux, des instruments de chirurgie dans des boîtes garnies de velours rouge, des traités de droit et des livres de comptes, des souvenirs de voyages au Maroc, en Hongrie ou à Rome, des malles d'osier débordant de costumes, de robes, d'uniformes, des caisses pleines de paperasses et de photographies... Une multitude d'objets qui racontaient la vie d'une famille bourgeoise à la fin du XIXe siècle et dans le premier tiers du XXe. Or, ces objets ne faisaient qu'occulter l'existence de ceux qui les avaient utilisés : leur surabondance dispensait de demander des explications. Ils ne rendaient compte de rien. L'évidence des choses empêchait de poser des questions sur les personnes. Michel Vingtras croyait disposer de toutes les informations sur sa famille – et il ne savait rien, ou presque rien.

Il connaissait seulement les grands lignes d'une histoire apparemment banale dont les images s'éparpillaient sur près d'un siècle. Les Vingtras étaient des paysans de la Haute-Loire qui, à la fin du XIXe siècle, s'étaient établis quelque temps en Algérie, où ils avaient connu de graves déboires. De retour en France, Alexandre Vingtras avait épousé la fille d'un médecin et s'était installé comme notaire dans une petite ville de Corrèze, Bort-les-Orgues. Il y avait exercé jusqu'en 1914 environ. Il avait eu deux enfants : Germaine, qui était morte assez jeune, et Camille, le père de Michel. Avec son lot de maladies et de souffrances, ses erreurs, ses échecs et ses réussites, cette famille paraissait absolument semblable à toutes les autres.

Michel n'avait jamais posé de questions : il avait bien assez à faire avec sa propre vie, avec l'avenir devant lui, qui lui interdisait de se retourner... Peut-être de peur d'être pétrifié, changé en statue de sel, en découvrant avec épouvante les fondements de l'histoire familiale, qui sont les fondements de l'être. Et puis un jour, la cinquantaine passée, il s'était décidé à aller voir de plus près qui étaient ces gens et ce qu'ils avaient fait de leur vie. Ce ne fut d'ailleurs pas même une décision. Cela s'imposa plutôt à lui, comme une nécessité : le moment était venu d'entreprendre cette exploration. Et c'était ainsi qu'en cette belle matinée de juillet il se trouvait aux Archives départementales de la Haute-Loire, au Puy-en-Velay.

*

À peine avait-il commencé à parcourir les tables décennales et les registres qu'il avait vu les Vingtras surgir en foule ! Ils s'étaient multipliés jusqu'à devenir une véritable tribu ! Ils habitaient tous dans cette partie de la vallée du haut Allier située entre Vieil-Brioude et Saint-Ilpize, un peu avant que le fleuve n'atteigne les plaines de Limagne. Ils exerçaient tous les mêmes métiers : agriculteurs, vignerons ou marchands de vin. Ils demeuraient tous dans les mêmes villages : Thiveyrat, Deloménède, La Ribeyre ou Montgieux. Et ils portaient tous les mêmes prénoms : Alexandre, Vital, Vitaline, Cirgue, Antoine, Marie... En sorte qu'ils se distinguaient à peine les uns des autres : seules leurs dates de naissance et de décès leur conféraient une identité. Il n'y avait pas ici des personnes, mais les membres indifférenciés de colonies qui s'emboîtaient les unes dans les autres : la famille, le village, la paroisse, la commune.

Et ce sera un des thèmes majeurs de cette histoire : comment chaque personnage essaie de devenir une personne, justement, de se différencier du groupe et de la famille tout en leur demeurant attaché, et à travers quels déchirements chacun poursuit le rêve de devenir sujet de sa vie.

Les débuts de toute recherche généalogique sont faciles. On va sans trop de peine d'une découverte à l'autre, les informations sont rapidement accessibles, et l'on augure bien d'une entreprise qui commence avec tant de facilité... Les obstacles surgiront plus tard !

Rien d'étonnant donc à ce que Michel Vingtras ait trouvé presque immédiatement le document qu'il était venu consulter : un acte de mariage de 1855, celui de son arrière-grand-père, Antoine Vingtras, cultivateur à La Ribeyre, âgé de vingt et un ans, avec Marie Rigaud, manouvrière, née le 14 janvier 1836. Les témoins étaient des cultivateurs et des vignerons, amis et parents des mariés. Quelques instants plus tard, il apprenait sans surprise la naissance de leur fils, Vital.

Et puis il découvrit le décès de Marie, moins de quatre ans après. Elle avait vingt-trois ans.

Michel Vingtras ne le savait pas encore, mais toute l'histoire à venir se noue ce jour-là, le jour de cette mort. Il ne pouvait pas encore comprendre comment la disparition de cette jeune femme retentissait toujours dans sa propre vie, près d'un siècle et demi plus tard.

Il trouva ensuite l'acte de mariage – de remariage, pourrait-on dire – d'Antoine Vingtras avec Jeanne Baissat. Mais il lui fallut attendre un long moment – six ans – pour découvrir la naissance de leur fils, Alexandre, celui dont on racontera l'histoire, celui qui sera le personnage central de cette histoire.

*

Ainsi qu'il devait lui arriver à plusieurs reprises au cours de sa recherche, Michel fut alors saisi par une sorte de lassitude. Plus exactement par un sentiment d'étrangeté. Il se trouvait dans cette salle d'archives comme dans les décombres d'une cité perdue et il ne savait plus bien pourquoi il était ici. Il se leva. Brusquement. À l'étonnement de ses voisins qui procédaient, eux, avec calme et méthode. Il remit les registres dans leurs cartons et il en renoua tant bien que mal les ficelles rouges. Et il quitta les Archives.

Il se mit à marcher dans les rues de cette ville où Alexandre Vingtras avait passé les années les plus heureuses de son adolescence.

Une ville double. D'abord la vieille ville et ses toits rouges pressés autour de son rocher, une ville riante et presque italienne avec ses façades de couleur. Une cité médiévale avec ses vieilles rues, ses porches admirables, ses tourelles, ses balcons, ses hôtels et leurs armoiries. On annonçait partout des fêtes, des reconstitutions historiques, du théâtre, des expositions, des concerts... Et cela donnait comme un air de fête à cette ville dont on sentait qu'elle commençait à peine à se défaire de l'emprise de la religion. Et puis il y avait en effet la ville pieuse, la ville dévote et bigote, la ville de pèlerinage, la ville des pénitents, la ville de pierres noires et luisantes comme des ventres de soutane, qui n'avait que le roc sur les os, des aiguilles de lave qui lui trouaient la peau.

Car, à l'époque où commence cette histoire – le dernier tiers du XIXe siècle –, la religion catholique joue encore un rôle essentiel, et elle prendra une grande place dans l'histoire des Vingtras. Elle assure alors pleinement sa mission sociale : faire prévaloir les valeurs qui fondent la nation, préparer la mobilisation pour les guerres à venir, garantir un taux de natalité qui fournisse la nation en ouvriers pour assurer sa prééminence économique, et en soldats pour assurer la défense du territoire. Elle est le principal auxiliaire des forces de l'ordre, comme on le verra dans ce récit. Elle est au service de cette classe possédante qui n'en finit pas d'émerger tout au long du siècle, cette bourgeoise, dont l'Église consacre le pouvoir comme étant le plus à même de lui assurer à elle-même, du moins le croit-elle, les pleins pouvoirs.

Michel Vingtras regardait les deux monuments, les deux hideuses entités qui dominent la ville.

Sur son socle de basalte bistre, l'immense statue de Notre-Dame de France, la Vierge gauchère qui porte l'Enfant Jésus sur son bras droit. Fabriquée avec la fonte des canons pris à Sébastopol, la statue de la déesse mère exprimait parfaitement la nécessité où se trouvait la nation de produire beaucoup de chair à canon et d'assurer la consolation des veuves et des orphelins. Elle était d'une insolite couleur brique qui ne ressemblait à rien de connu dans cette ville. Juste au-dessous d'elle, agrippée au rocher, se trouvait l'Institution de l'Enfant Jésus où le jeune Alexandre Vingtras se rendait autrefois pour rendre visite à sa tante et marraine, la sœur Vincent. À quelque distance, en face, à Espaly, près du collège où Alexandre Vingtras avait fait ses études secondaires, on découvrait un gigantesque saint Joseph de béton blanc, qui tenait lui aussi – mais sur son bras gauche – un autre enfant Jésus. Il était juché sur une sorte de château fort de carton-pâte qui donnait au paysage un aspect incongru. L'enfant Jésus adressait un signe à sa mère et à l'autre enfant Jésus, là-bas, sur leur rocher...

De quoi s'agissait-il ? Quel drame familial était donc ici en train de se jouer ? Y avait-il deux Enfants Jésus ? Et, surtout, qui était réellement le père ? Question généalogique par excellence, et qui ne cesse de hanter l'humanité à travers ses religions...

Il se rendit ensuite dans cette vallée de l'Allier dont les Vingtras étaient originaires. C'était une sorte de pèlerinage en des lieux dont il imaginait qu'ils pourraient encore porter quelque trace du passé et il se fit attentif à tous les détails. Il traversa l'Allier sur le pont suspendu au-dessus duquel s'élève le grand rocher escarpé de Saint-Ilpize. Il visita l'église et le cimetière qui se trouvent au sommet. Puis il s'arrêta dans un petit restaurant dont la terrasse donnait sur la route. La serveuse posa sur la table une nappe de papier, des couverts et une carafe d'un vin si sombre qu'il en semblait presque violet. Ce vin, c'était peut-être celui que produisaient ses ancêtres vignerons, le « Clos des Aulènes », un cru réputé dans toute l'Auvergne. Sa couleur le faisait paraître d'une violence extrême et il prenait même dans la carafe une épaisseur de sirop. En fait, il était d'une grande légèreté, mais la lumière lui donnait une qualité qui ne lui appartenait pas vraiment...

Trois motocyclistes surgirent soudain sur d'énormes machines rutilantes et s'arrêtèrent devant le restaurant. Harnachés et cuirassés, ils étaient terrifiants. Ils étaient comme les anges de la mort dans un film de Cocteau. Ils abandonnèrent leurs coursiers et commencèrent à écaler les pièces de leur armure. Ils enlevèrent leurs casques. Alors apparurent de tendres visages d'adolescents. L'un d'eux était celui d'une jeune femme brune au fin visage ovale. Elle n'était pas vraiment jolie, mais il y avait en elle une émouvante fragilité qui la rendait proche et qui laissait en même temps entrevoir qu'elle demeurerait à tout jamais une étrangère. Il se plut à penser qu'elle ressemblait à Marie Rigaud, la première femme d'Antoine Vingtras.

Tandis qu'ils s'installaient à la table voisine, Michel regardait la carte géographique qu'il avait achetée un peu plus tôt.

Il cherchait le village de La Ribeyre dont les Vingtras étaient originaires. Mais ce n'était même plus un hameau : le nom figurait en lettres minuscules parmi les taches vertes des bois, juste à côté du ruisseau de Rouchassou, et il y avait au-dessous une mention en caractères plus petits encore : « ruines ».

Il descendit ensuite la vallée de l'Allier, entre Saint-Ilpize et Chantel, prit une petite route à flanc de coteau qui montait vers Séniquette, un ancien village de vignerons dont les maisons aux toits de tuiles rouges et aux murs de couleur fauve étaient presque toutes abandonnées. Il lui fallut s'arrêter, laisser la voiture à un embranchement, continuer à pied par un chemin pierreux. Autour, des bois de chênes verts rabougris et tordus, de petits champs de seigle, de maigres bosquets de pins. Un paysage austère et triste, tout en bosses, en pentes et en cassures, sans un seul replat. Le soleil ne parvenait pas à faire vivre le vert de la végétation ni l'ocre de la terre et des rochers. On distinguait au loin la masse sombre des montagnes de la Margeride.

Il aperçut un bouquet de frênes à la corne d'un champ en friche et quelques ruines ensevelies dans les herbes, les ronces et les arbustes. C'était La Ribeyre. Des bâtiments dont il ne restait que les murs. On était ici au bout du monde. Il se sentit brusquement oppressé par la solitude et par cette atmosphère particulière aux lieux abandonnés : le bruissement du vent dans les arbres, une étrange qualité de lumière et ces touffes d'herbes trop vertes à l'emplacement de ce qui avait été une source ou un puits. Un peu au-dessus, on distinguait encore les murets de pierres soutenant les terrasses où autrefois poussait la vigne.

C'était là qu'ils avaient vécu, Antoine, Marie et leur fils, Vital. C'était là que Marie était morte dans d'atroces souffrances. C'était là qu'Antoine avait vécu avec Jeanne, sa seconde épouse, et avec leur fils Alexandre, avant qu'ils ne partent pour Saint-Denis-du-Sig, en Algérie.

*

C'est là que Michel Vingtras va commencer à faire revivre ses ancêtres. Il lui faudra retrouver leurs sentiments et leurs émotions : l'amour, la peine, la colère, la jalousie, la haine, l'envie, la peur... Reconnaître leurs chagrins, leurs désirs et leurs terreurs. Il lui faudra les faire parler, prononcer pour eux les paroles qu'ils n'ont pas osé prononcer. Car c'est cela la quête généalogique : donner aux morts le droit de parler de ce que fut leur vie.

Ils se tiennent maintenant dans son dos. Ils se penchent au-dessus de son épaule pour surveiller ce qu'il va écrire sur eux. Ils chuchotent. Ils murmurent. Ils se plaignent. Mais il ne peut encore saisir leurs propos. Il lui faudrait d'abord leur donner un visage. Et puis voir leurs blessures, ces blessures qui n'en finissent pas de cicatriser, et qui font toujours mal dans la mémoire des descendants.

2

Où la mort de Marie plonge le veuf et l'orphelin dans un durable désespoir et où le petit Alexandre se met à briller comme un astre pour que son père puisse le voir

Pour comprendre ce que furent l'enfance et la vie d'Alexandre Vingtras, il faut naturellement remonter aussi haut que possible dans l'histoire de ses parents. Plus tard, il nous faudra raconter le destin de ses propres enfants : ainsi pourrons-nous mieux saisir ce que furent les ressorts de son existence. Tout essai biographique devrait en effet prendre en compte non seulement la vie des ascendants, ainsi qu'on commence à le faire, mais aussi celle des descendants qui accomplissent, la plupart du temps à leur insu, les plus profonds désirs parentaux.

Antoine Vingtras et Marie Rigaud se marièrent en avril 1865 à la mairie de Saint-Privat-du-Dragon, la commune sur le territoire de laquelle se trouvait le hameau de La Ribeyre. Leur consentement fut reçu par le maire, le marquis de Ruolz, ingénieur agronome et propriétaire d'un grand domaine agricole. La noce passée, il n'y eut guère de changement dans la vie des nouveaux époux. Simplement, Marie vint s'installer dans la maison des Vingtras, une maison qu'elle connaissait depuis sa petite enfance puisque sa famille habitait le village de Feynerolle, juste en face de La Ribeyre, de l'autre côté du ravin. C'était une maison haute et étroite, comme toutes les maisons de vignerons, avec un escalier de pierre et un balcon qui permettait d'accéder à la salle commune, au-dessus de la cave et du cuvage. Les chambres se trouvaient à l'étage. De part et d'autre de la maison, les annexes : la grange avec ses hautes ouvertures et ses linteaux de bois, l'étable, la porcherie, le hangar, le poulailler, le four, les remises.

Après la mort de son père, quelques mois auparavant, Antoine avait repris la propriété familiale. Elle ne faisait que quelques hectares – dont quelques vignes au flanc de la vallée. Il était aidé par Jean, un domestique agricole qui vivait avec eux comme s'il était de la famille.

Antoine Vingtras était un homme de petite taille, râblé et fort. Il était d'un abord assez abrupt, mais on le savait sensible et peut-être même faible. Il avait perdu sa mère quand il était encore tout petit. Marie était la dernière enfant d'une famille assez misérable qui en aurait compté plus d'une douzaine si la plupart n'étaient morts en bas âge. Son père lui-même avait été emporté par les fièvres l'année de sa naissance. C'était une brune au visage ovale et aux grands yeux noirs. Elle était exceptionnellement jolie, et il y avait en elle quelque chose de fragile qui faisait dire à tout le monde qu'elle n'était pas faite pour les travaux de la ferme. Elle appartenait à une famille dont le statut social était très inférieur à celui des Vingtras. Aussi le père d'Antoine s'était-il fortement opposé à ce mariage avec une fille qui n'apportait pas en dot la moindre parcelle de terre ! Sa mort avait dispensé son fils de lui désobéir ou de renoncer à Marie.

Car Antoine était follement amoureux d'elle.

Qu'ils soient de la branche aînée ou des innombrables branches cadettes, qu'ils soient vignerons ou agriculteurs, tous les Vingtras étaient réputés durs et rusés. Ils passaient leur temps à calculer les moyens d'acquérir quelques nouveaux lopins de vigne ou de terre. Il n'y avait pas chez eux place pour trop de sentiments, et les enfants apprenaient très tôt à retenir leurs larmes. La vie quotidienne était en effet trop dure pour qu'on se laisse aller à ces faiblesses. Avec un acharnement terrible, chaque génération s'efforçait d'abord de survivre et ensuite d'acquérir un peu de bien supplémentaire. C'est que la possession de la terre était alors l'unique fondement de la sécurité et donc de la vie, la seule assurance contre la misère. Pas un fragment de terre qui ne fut intensivement exploité. À ne pas laisser une brindille dans un bois, une pierre dans un pré, une herbe en bordure de route, une souche dans une haie. Les parcelles étaient minuscules, le morcellement de la propriété, extrême. On imagine la complexité des successions. Aussi ne comptait-on pas moins de cinq notaires dans un périmètre de quelques lieues. Le notaire était un personnage important. Il était proche du monde paysan dont il était issu et il était en même temps une vivante représentation de ce que pouvaient être l'ascension sociale et la réussite : le plus haut niveau auquel une famille put légitimement prétendre, un accomplissement fabuleux mais qui n'était pas hors de portée.

Un univers âpre et violent. Les horreurs de la guerre et des famines rodent toujours dans la mémoire des familles. Tout se sait, rien ne se dit. Les enfants battus à mort, les gamines violées dans un recoin de grange, les vieillards affolés par la peur de l'abandon, les métayers qui n'en peuvent plus de satisfaire aux corvées, les rixes du dimanche au cabaret, les agonies interminables, les hommes écrasés sous un char de foin et qui demeurent paralysés, les femmes battues, les enfants idiots, et tous ceux dont on souhaite tous les jours la mort. On ne cesse de craindre pour le lendemain et on vit dans une soumission qui présente seule quelques gages de sécurité. La religion scande chaque instant de la vie. Partout des curés, des prêtres, des frères, des sœurs, qui entretiennent l'espoir et assurent le maintien de l'ordre. Partout des croix, des calvaires et des chemins de croix qui rappellent que la souffrance et la misère doivent constituer la part la plus naturelle de la vie.

C'est dans cet univers totalitaire qu'Antoine était tombé amoureux de Marie. C'était une passion véritable et telle qu'on a du mal à l'imaginer, à cette époque-là, au fin fond des campagnes auvergnates. Il était amoureux de sa différence, de sa fragilité et de ce qu'il prenait pour de la candeur. Il ne vivait que pour elle. Et il l'aimait bien plus qu'elle ne l'aimait... On va le voir : ainsi qu'il en va pour toutes les histoires du monde, qu'elles soient petites ou qu'elles soient grandes, c'est bien sur un chagrin d'amour que toute cette histoire se fonde.

*

Le 13 octobre 1856, deux ans et demi après son mariage, Marie donna naissance à Vital.

En ces années qui voyaient se répandre les progrès inouïs du commerce et de l'industrie et l'Empire briller de mille feux, les signes de changement atteignaient les communes les plus reculées de la Haute-Loire. Les âmes faibles ou sensibles percevaient ces vibrations nouvelles et elles étaient remplies tout à la fois d'un espoir et d'une inquiétude indicibles. Marie savait ce qui se passait dans les villes, à Paris, à Clermont-Ferrand. Elle était allée un jour en pèlerinage au Puy, l'année de son mariage. Elle avait vu des magasins, des fleurs, des ors, des robes, un luxe nouveau, une infinité de choses qui n'en finissaient pas de faire rêver. Elle avait vu les belles dames de Brioude et les filles du marquis de Ruolz. Elle savait maintenant que d'autres vies étaient possibles. Elle entrevoyait que l'existence ne consistait peut-être pas seulement à travailler toute sa vie comme une bête dans la crainte de finir ses jours en enfer, mais elle n'osait pas vraiment se le dire. Elle avait le sentiment diffus d'un malheur contre lequel elle était impuissante et elle aspirait à un ailleurs dont elle doutait qu'il existât jamais pour elle. Elle était entre deux mondes et il n'en était aucun auquel elle puisse appartenir. Aussi avait-elle pris, malgré elle, sa décision.

Depuis plusieurs mois déjà, elle toussait – une petite toux sèche qui n'en finissait pas – et elle était épuisée par le moindre effort. On mettait sa fatigue sur le compte de sa grossesse et de son accouchement qui avait été difficile. Elle dormait mal et se plaignait de difficultés à respirer, elle n'avait pas d'appétit et elle maigrissait. Les choses s'aggravèrent au début de l'été 1859.

Un matin, au réveil, elle fut prise d'une quinte de toux d'une terrible violence, et Antoine, épouvanté, vit soudain le sang jaillir de sa bouche, et en telle quantité qu'on eût dit qu'elle le vomissait. Le diagnostic du médecin fut rapide. Elle se trouvait dans la phase ultime de la tuberculose, la phtisie. Une violente fièvre la saisissait tous les soirs, des sueurs baignaient sa poitrine et sa tête, elle était prise de grandes angoisses nocturnes et de battements de cœur. Elle crachait sans cesse du sang.

On venait la voir. On priait pour elle. Jamais on ne s'était autant occupé de Marie. Allongée sur le lit, dans l'alcôve de la salle commune, elle était pour la première fois de sa vie au centre de toutes les attentions. Antoine passait son temps auprès d'elle et délaissait les travaux de l'exploitation. Il était désespéré et ne cachait pas ses larmes. Le petit Vital avait été emmené à Villeneuve, chez une de ses tantes, et il ne cessait pas de pleurer en réclamant sa mère. Marie-Jeanne, la « béate » de Saint-Ilpize, vint soigner la pauvre Marie. On essaya tous les remèdes utilisés alors, tout ce qui aurait pu lui donner des forces, lui faire prendre du poids : du sang frais, des laitages, de la viande crue, des bouillies.

On ne pouvait que la laisser mourir.

Elle, elle disait qu'elle allait bientôt guérir. Elle faisait même des projets : un pèlerinage au Puy pour remercier la Vierge de sa guérison. Et en effet, pendant quelques semaines, au mois d'août, son état s'améliora, et tout le monde crut à son rétablissement. Puis elle se mit à nouveau à cracher le sang. Sa maigreur devint effrayante. Les pommettes saillantes, les lèvres collées aux dents, elle ressemblait à un squelette, et l'odeur qui se dégageait d'elle était atroce. Vers la fin, on lui amena son fils qui n'avait pas encore trois ans. Il passa quelques instants auprès de sa mère et il fut comme épouvanté, incapable même de pleurer. On l'éloigna aussitôt. Marie ne semblait toujours pas comprendre qu'elle allait mourir, même lorsque le curé vint lui administrer l'extrême-onction. Antoine était prostré à côté du lit, tandis que commençait une épouvantable agonie.

Elle mourut le 23 septembre 1859, juste au moment des vendanges. Elle avait vingt-trois ans.

Antoine aura vécu moins de quatre ans avec cette femme qu'il aimait follement : il ne se consolera pas de sa disparition. La mort la lui a rendue unique, irremplaçable. Il ne pourra jamais se déprendre d'elle ni l'oublier. Il ne pourra jamais voir une autre femme. Il ne cessera pas de pleurer cette morte, Marie, sa sœur, son épouse, sa seule véritable épouse. Et quand il regarde son fils, c'est encore elle qu'il voit. Car Vital a les mêmes yeux noirs que sa mère, le même regard insondable qui ouvre sur la mort. Antoine ne verra bientôt plus que par les yeux de ce fils, son seul véritable fils. Et à cet enfant, à Vital, il manquera toujours cette mère qui n'a pas voulu vivre pour lui. La terre mère toujours lui fera défaut. Cette absence l'aspire sans cesse dans une souffrance à laquelle il ne peut donner un nom. Pour le père comme pour le fils, Marie est le continent perdu, englouti. Ils sont l'un et l'autre en exil de la terre qu'ils ont aimée. Ils sont tous deux prisonniers de la morte : elle n'en finit pas de faire absence dans leur mémoire – et elle manquera toujours dans celle de leurs descendants.

Antoine dut cependant se plier aux usages et aux nécessités. Il fallait donner une nouvelle mère à Vital, il fallait une femme pour faire vivre l'exploitation. Un an après la mort de Marie, il se remaria avec Jeanne Baissat, qui avait vingt-deux ans et qui demeurait au village voisin de Dintillat. Elle était cousine de Marie, mais ne lui ressemblait guère ; elle était grande et même un peu forte et, surtout, elle avait le teint très basané, à croire qu'elle avait du sang arabe dans les veines ! Jeanne avait à prendre la place de la morte, ce qui était, on le conçoit, une tâche impossible. Et en cela devait résider l'humble et constant malheur de sa vie : son mari ne la regardait pas, il regardait toujours la morte.

Alexandre naquit le 25 octobre 1866, six ans après le mariage de ses parents. Ce délai révèle à cette époque une certaine étrangeté : soit que Jeanne n'ait pu alors – dans la situation qui lui était faite – avoir d'enfant, soit qu'Antoine n'ait pas touché à sa nouvelle femme. Et de même qu'Antoine misera tout sur son fils Vital, Jeanne misera tout sur son fils Alexandre en le chargeant de réparer le malheur de sa vie.

Tout est maintenant en place. Antoine, Jeanne, Vital et Alexandre. Quatre personnages aux prises avec le fantôme de Marie. Maintenant, il suffit de laisser l'histoire se dérouler. Inexorablement.

*

Enfant d'une autre femme que la femme aimée par son père, Alexandre sera longtemps condamné à l'obscurité. Comment faire pour être vu de ce père lointain qui, tout à son interminable deuil, ne le regarde pas plus qu'il ne regarde sa mère ? Le petit Alexandre, cet enfant qu'on a doté de ce prénom grandiose – pour être d'un usage courant en ce temps-là et dans cette famille, il n'en possède pas moins une vibration particulière –, le petit Alexandre n'a qu'une solution : il lui faut briller, se distinguer, sortir des ténèbres où il est rejeté.

D'abord, il va s'identifier à son frère aîné, Vital. Mais celui-ci a seize ans quand Alexandre n'en a que six ! Il vit déjà avec le père, lui. Il l'aide sur l'exploitation, il travaille avec lui aux vignes, il y monte le fumier, il en descend les vendanges sur son dos, il soigne les bêtes. Pendant ce temps, Alexandre est au jardin avec sa mère. Il l'aide à arracher les mauvaises herbes, à ramasser les légumes. Il la suit pas à pas et il n'est pas pour lui de plus grand plaisir que d'être avec elle dans la sécurité bienheureuse de ce jardin paradisiaque. Elle lui raconte l'histoire de la bête du Gévaudan et des légendes de fées et de loups-garous dans les montagnes de la Margeride. Elle lui raconte l'histoire de son aïeul, Jean Baissat, cuirassier de la Garde impériale, fuyant avec sa jument, *La Fusillade*, devant Moscou en flammes. Elle lui a montré, au grenier, le grand sabre dans son fourreau et le casque au plumet rongé par les rats.

Pour égaler ou surpasser son frère aîné, Alexandre ne peut donc compter sur le travail à la ferme ou aux vignes. Il lui faudra trouver un domaine d'accomplissement qui lui soit propre et qui le distingue de Vital. Lui, Alexandre, il brillera par le savoir, les connaissances, la réussite scolaire. Et il accomplira en même temps le plus profond et secret désir de sa mère : il la vengera de l'obscurité où elle est comme lui tenue.

*

Alexandre avait appris à lire et à écrire chez Marie-Jeanne, la « béate » de Saint-Ilpize. Les béates n'étaient pas vraiment des religieuses : elles ne prononçaient pas de vœux et ne vivaient pas en communauté. Toujours de noir vêtues, elles soignaient les malades, elles veillaient les mourants, elles jouaient également le rôle d'institutrice. Depuis 1848, en effet, les instituteurs avaient mauvaise presse ; on les accusait de corrompre la jeunesse avec trop de savoir et trop peu de morale ! Auxiliaires du curé, elles enseignaient aux enfants des rudiments de calcul et d'orthographe et, surtout, le catéchisme, des prières et des cantiques. Aux jeunes filles, elles apprenaient de surcroît la couture et la dentelle qui était alors la principale activité industrielle de la Haute-Loire.

C'est à Marie-Jeanne qu'Alexandre dut ses premiers succès dans le monde.

Un dimanche, à Saint-Ilpize, à l'issue de la grand-messe, et alors que le curé interrogeait comme d'habitude les enfants devant toutes les familles rassemblées, Alexandre obtint un véritable triomphe par la qualité et la clarté de ses réponses sur quelque point de l'histoire religieuse ou du dogme. Le curé s'enthousiasma. « Mes frères, s'écria-t-il, nous avons parmi nous un nouvel Alexandre le Grand ! » On imagine la fierté de l'enfant, l'orgueil de la mère, la satisfaction même d'Antoine Vingtras. L'anecdote est demeurée dans la mémoire familiale parce qu'elle rend parfaitement compte de la nécessité pour Alexandre de remporter – il le fera bientôt – tous les prix. Et on admirera au passage l'habileté du prêtre qui faisait pression sur les enfants en attisant la rivalité des familles : une façon infaillible d'assurer l'ordre et son autorité. Cette méthode s'est perpétuée dans de nombreuses paroisses rurales au moins jusqu'à la Seconde Guerre mondiale.

Avec l'appui du curé de Saint-Ilpize, il fut bientôt décidé qu'Alexandre, à qui la béate n'avait plus rien à apprendre, irait poursuivre ses études au collège de Paradis, un établissement fondé par les Frères du Sacré-Cœur et situé à Espaly, un faubourg du Puy. Ses dons avaient été reconnus, il lui fallait les faire fructifier. Aussi bien n'y aurait-il jamais de place pour lui sur l'exploitation : elle reviendrait à son demi-frère, Vital. Aller à l'école, apprendre pour devenir prêtre ou Frère des écoles chrétiennes – les frères Quatre-Bras – et enseigner à son tour, c'était alors la seule issue, le seul moyen pour un enfant d'échapper à sa condition. Encore fallait-il que l'enfant eût montré, comme Alexandre, de quoi il était capable. Il fallait aussi, et la chose était rarissime, que la famille ne s'opposât pas à ce projet... Autrement dit qu'elle fût suffisamment à l'aise pour n'avoir pas besoin de mettre l'enfant au travail, soit dans une ferme, soit chez un artisan, soit encore aux mines de charbon de Brassac, à une quinzaine de kilomètres de La Ribeyre.

Le maire de Saint-Privat-du-Dragon, le marquis de Ruolz, apporta son soutien – peut-être même un soutien financier – à ce projet. Le marquis gérait un grand domaine situé dans un vaste vallon fertile ouvrant sur la plaine de Paulhaguet. Il en avait fait une exploitation modèle avec prairies artificielles et canaux d'irrigation, fermes, bergerie, moulin, une exploitation qu'Alexandre avait visitée à plusieurs reprises et qui l'avait toujours émerveillé.

Ainsi, par un beau matin d'octobre, le cœur gros, Alexandre quitta son village et sa famille pour rejoindre le collège de Paradis. Comme on pouvait s'y attendre, il obtint beaucoup de succès tout au long de ses études. Il était premier en tout. Il eut pour professeur de littérature le Frère Anastasius Martin que l'on décrit comme « un esprit pétillant, poète à ses heures, qui composait des pièces de théâtre interprétées par ses élèves ». Alexandre y joua souvent les premiers rôles et c'est à lui qu'il fut redevable de son goût pour les lettres, la poésie et le théâtre. Il était assidu aux « Séances académiques » qui meublaient les longues journées de congés et les soirées du dimanche, et qui avaient pour ambition de développer le sens du beau, l'expression vocale et corporelle. On y déclamait des poésies, on y citait les meilleurs devoirs. Les rédactions et les compositions d'Alexandre étaient souvent lues devant tout le corps professoral et l'ensemble des élèves – comme le seraient plus tard celles de sa fille, Germaine, et celles de son fils, Camille, et, beaucoup plus tard encore, celles de son petit-fils, Michel Vingtras ! Ces moments-là faisaient en lui comme un miel. Alexandre se voyait professeur, enseignant les beautés de ce qu'on appelait alors les humanités.

Une ou deux fois par mois, il allait rendre visite à sa tante, celle qui était religieuse au couvent de l'Enfant Jésus. Massive, affable, hospitalière, la sœur Vincent régnait sur l'économat et la cuisine. Elle lui faisait déguster les plus succulentes nourritures qu'il eut jamais mangées : celles habituellement destinées aux dignitaires ecclésiastiques de passage. Il ne rentrait à La Ribeyre que pour les vacances et, hormis le jardin où il aimait toujours accompagner sa mère, ce lieu lui devenait peu à peu étranger.

*

Quelques années passèrent. Entrée frileusement dans les habitudes, la IIIe République se consolidait peu à peu en usant de toutes les opportunités. Elle garantissait la marche des affaires, le rayonnement des arts, le respect des privilèges et les progrès de l'agriculture. La démocratie s'affermissait lentement. Alexandre continuait ses études. À La Ribeyre, la vie suivait son cours. Vital avait été appelé par la conscription et il servait dans un régiment de zouaves, à Alger.

Ce fut par lui que le changement survint.

Il avait été séduit par l'Algérie et, à sa libération, il décida d'acheter une petite terre à Saint-Denis-du-Sig, près d'Oran, et de s'y établir. Il demanda à ses parents sa part d'héritage et il demanda aussi l'agrément de son père, le conviant même à venir visiter le bien qu'il convoitait. Et il se trouva que le père à son tour fut séduit et, comme il se vendait une grande terre à côté de la petite, ils résolurent de les confondre et d'en faire d'un seul tenant le bien commun des Vingtras père et fils.

En 1882, Antoine vendit donc les terres de La Ribeyre, comme en témoigne un acte passé chez Me Fournier-Montgieux, notaire à Saint-Ilpize. Le premier, il partit rejoindre son fils à Saint-Denis-du-Sig. Un peu plus tard, Alexandre, qui avait quinze ans, quitta avec beaucoup de chagrin le collège de Paradis où il se plaisait tant et il s'embarqua à Marseille en compagnie de Jean, le domestique. Jeanne partit la dernière, après avoir tout mis en ordre derrière eux.

*

La région de Brioude avait déjà connu au XVIIe et au XVIIIe siècle une longue tradition d'émigration saisonnière. Les terrassiers et les manœuvres habitués à remonter la terre pour les vignes en terrasses aux flancs de la vallée de l'Allier trouvaient à s'employer dans toute la France. Mais surtout, la crise économique de 1879-1880 avait durement touché le département – chômage dans les moulins, les tissages, la dentelle – et la récession s'était aussitôt répercutée dans le monde agricole. Dès la fin des années soixante-dix, ils étaient déjà quelques-uns à avoir pris le parti d'émigrer avec leur famille.

À La Ribeyre, il y avait les difficultés ordinaires de la vie et, nourri par l'exemple des riches exploitations situées dans la vallée même, en bordure de l'Allier, l'espoir de conditions de travail moins dures et de récoltes moins incertaines... En 1877, Antoine avait même racheté quelques biens dont sa sœur avait hérité à la mort de leur père : quelques ares de terre labourable, une vigne, une cave à Saint-Ilpize. Preuve que l'idée d'émigration ne l'avait pas encore effleuré.

En effet, quelles que fussent les raisons économiques de ce départ, on entendra que Vital et son père partaient au-delà des mers à la recherche de la terre qui leur avait à l'un et à l'autre manqué, leur continent perdu, leur terre promise.

3

Où l'on trouve le portrait d'un disparu et la photographie d'une ferme abandonnée, et où l'on finit par avoir des visions

Naturellement, on pourrait se demander pourquoi Antoine Vingtras avait épousé une femme qui allait mourir... Mais pour tenter de répondre à cette question, il faudrait remonter beaucoup plus haut dans son histoire et dans celle de sa famille.

Et pourquoi était-elle morte, Marie ? Pourquoi la tuberculose ? Quels bénéfices avait-elle retirés de cette maladie qui mobilisait sur elle l'attention de toute la famille et de tout le village ? Pour la première fois de sa vie peut-être, elle obligeait les autres à la regarder et à la voir. On s'occupait d'elle, on s'apitoyait. Elle existait. Maladie de l'immobilisation et de l'étouffement qui immobilisait et étouffait aussi ses proches, sa tuberculose était peut-être d'abord une protestation contre tous ceux qui l'avaient empêchée de respirer et de bouger. Que serait une maladie qui n'aurait pas de témoins ?

Si Michel Vingtras avait entrepris de reconstituer leur histoire, il n'avait nullement eu l'intention de faire revivre ses ancêtres dans le détail des travaux et des jours. Il ne voulait pas se transformer en spécialiste de l'histoire régionale ou de la recherche folklorique. Il avait accepté de ne pas tout savoir, de laisser subsister des zones d'ombre et des incertitudes, d'admettre l'existence de terres inconnues. Mais il y avait tout de même des événements et des circonstances qu'il lui fallait connaître pour comprendre ce qui s'était passé.

Ainsi avait-il naturellement cherché à se faire une idée de ce que pouvait être la vie quotidienne des paysans de la vallée du haut Allier, dans la seconde moitié du XIXe siècle. Il s'était également renseigné sur le collège de Paradis : il existait toujours et on y avait gardé une mémoire précise de l'époque où Alexandre avait été pensionnaire. Il n'était cependant pas allé jusqu'à chercher dans les archives les catalogues de distribution des prix où devaient figurer des témoignages de sa gloire scolaire ! Par contre, il s'était rendu dans des bibliothèques, il avait consulté des ouvrages consacrés à la région, il avait parcouru la collection de l'*Almanach de Brioude*, une revue d'histoire locale. Il avait même découvert un ouvrage abondamment illustré, paru en 1930, *Le Pays de Velay et le Brivadois*, de Georges et Pierre Paul. Il s'y trouvait un portrait de l'homme de la Haute-Loire, le « vellavé », un portrait assez caricatural, mais dans lequel il avait cru distinguer cet inconnu, Vital Vingtras, le demi-frère d'Alexandre, celui dont il ignorait absolument ce qu'il était devenu, celui dont on n'avait jamais parlé dans la famille.

Il aurait pu avoir les cheveux bruns et les yeux noirs ; trapu et musclé, il aurait été d'une résistance peu commune. Susceptible, comme toutes les personnes fragiles, il aurait caché sous des dehors froids une violence prête à éclater au moindre prétexte. Le vin aidant, la colère devait s'emparer de lui, une colère qu'il ne maîtrisait pas et qui pouvait lui faire sortir son couteau de la poche pour se lancer dans une rixe sanglante. Têtu, obstiné, férocement attaché à la terre, il se serait cependant montré imaginatif, idéaliste, enthousiaste, comme s'il avait déjà reçu un coup de soleil de ce Midi si proche. Et l'on distinguait parfois dans son regard comme un détachement du présent, un envol vers les lointaines terres du rêve.

*

De la vie des Vingtras en Algérie, Michel connaissait fort peu de chose.

Il savait seulement qu'ils étaient arrivés à Saint-Denis-du-Sig en 1882. Antoine était mort trois ans après, en 1885, ainsi que le mentionnait le contrat de mariage de son fils. Un autre document, une attestation, signalait la présence d'Alexandre comme clerc de notaire, à Oran, en 1889. Entre ces dates, il fallait situer la disparition de Vital et une catastrophe, une inondation, qui avait causé la ruine de la famille. Autre certitude, le retour de Jeanne Vingtras en France, en 1890 au plus tard, ainsi que le révélait une quittance de loyer pour le logement qu'elle occupait, place du Postel, à Brioude.

Il existait, rangé au grenier de la maison familiale parmi une foule d'autres papiers, un registre cartonné recouvert de serge noire. Il en connaissait depuis longtemps l'existence : il l'avait même autrefois parcouru, distraitement. C'étaient des textes que Germaine, la fille d'Alexandre, avait dictés à son père dans le courant des années vingt, pendant sa maladie.

Ce registre, Michel l'avait appelé le « cahier noir ». Une centaine de pages manuscrites où l'on trouvait pêle-mêle des anecdotes de l'histoire familiale présentées sous un jour invariablement ensoleillé, et aussi des contes, des ébauches de nouvelles, quelques souvenirs d'enfance et des textes douloureux qui ressemblaient à des poèmes.

Germaine y relatait quelques épisodes de l'enfance de son père dans ce qu'elle avait eu de plus chaleureux : des images qu'elle s'était plu à embellir en effaçant tout soupçon de malheur ou de difficulté. Sur la période algérienne, peu de chose : quelques lignes assez enjouées sur le départ d'Alexandre, son court séjour à Marseille et son embarquement pour Oran. Un bref paragraphe évoquait Vital et sa décision de s'installer dans cette Algérie qui lui avait paru une terre d'abondance et de prospérité. « Le mirage avait fait son œuvre... » Et la référence au destin de Vital en Algérie s'achevait sur cette phrase sibylline : « Il allait y fixer sa tente, y vivre sa courte vie et y mourir. »

Aux Archives du Puy, dans les registres de l'état civil, Michel n'avait pas trouvé trace du décès de Vital. Avait-il quitté Saint-Denis-du-Sig après la catastrophe ? Avait-il rompu avec les siens ? Avait-il eu le temps de fonder une famille ?

Dans les boîtes vertes à poignée dorée qui contenaient les papiers d'Alexandre – affaires personnelles, Algérie, Comptoir d'escompte, etc. – se trouvait l'origine de propriété d'une ferme située sur le territoire de Saint-Denis-du-Sig. Un acte enregistré à Marseille, le 30 juillet 1852, mentionnait un capitaine au long cours, Honoré Rancé, propriétaire de 50 ha, qui les tenait lui-même de la succession indivise d'un sieur Sibour. Il s'y trouvait également tout un fatras de documents qui paraissaient tout à fait dénués d'intérêt : des courriers administratifs, des billets à ordre, des reconnaissances de dettes... Les fragments d'un puzzle dont Michel n'avait pas la vue d'ensemble.

Quant à cette inondation qui avait ruiné les Vingtras, son père en avait parlé quelquefois, mais sans donner de détails et d'une façon si incertaine, si distancée, qu'on aurait dit qu'il parlait du déluge ! Le ton sur lequel il évoquait l'événement faisait songer à quelque épreuve ou même à quelque punition divine qui se serait abattue sur la famille et sur laquelle il valait mieux garder le silence...

D'ailleurs, l'idée même d'une inondation en Algérie, dans la province d'Oran, avait quelque chose d'irréel.

*

Michel Vingtras avait donc voulu en avoir le cœur net. Si l'événement avait bien eu lieu, on devait en retrouver trace dans les journaux de l'époque.

Il s'était alors rendu à la grande et nouvelle Bibliothèque nationale, en bordure de Seine, à Paris. Après un petit parcours administratif qui ressemblait à une initiation, il était descendu dans un des puits de métal lumineux qui donnent accès aux salles de lecture, il avait gagné le département de consultation des périodiques et il s'était installé à la place qui lui avait été assignée, en bordure de la forêt miniature qui occupe le centre de la construction.

Pour la seule période 1880-1890 et pour la seule région d'Oran, il avait découvert plus d'une cinquantaine de titres ! Il avait demandé la collection de *L'Écho d'Oran* qui se trouvait sur microfilm et il fut bientôt plongé dans l'histoire de l'Algérie et de la France à la fin du XIXe siècle. Les pages défilaient sur l'écran et il ne pouvait s'empêcher de lire ces nouvelles si anciennes qui n'avaient jusqu'alors existé que dans les livres d'histoire, et qui soudain lui apparaissaient sous un autre jour, celui de l'actualité justement : l'assassinat du tsar Alexandre II, le massacre de la mission Flatters au Sahara, le protectorat français en Tunisie, la guerre du Tonkin, la loi Naquet sur le divorce, des famines en Russie...

L'information qu'il cherchait se trouvait dans le numéro du 10 février 1885. Un titre en page deux : *Saint-Denis-du-Sig. La rupture du barrage des Cheurfas.*

Quelque chose du passé venait de prendre corps et il ressentit une émotion étrange. Exactement comme si, dans sa propre maison, il avait ouvert une porte secrète et découvert une chambre inconnue... Et cet article, ceux des numéros suivants, ceux d'autres journaux encore lui donnèrent tous les détails de cette catastrophe qui avait en effet ruiné la ville et les exploitations environnantes.

Il avait maintenant une vision concrète de ces événements, et une curiosité nouvelle apparut en lui. Il voulait en savoir davantage sur Saint-Denis-du-Sig, son histoire, la façon dont les Vingtras y avaient vécu et il envisagea même un moment de s'y rendre. Ce fut ainsi qu'il prit contact avec un professeur de l'Université d'Aix-en-Provence qui avait écrit des ouvrages sur l'Algérie, une histoire des Espagnols en Oranie, des articles sur la colonisation dans la région de Saint-Denis-du-Sig justement. Le professeur se montra d'une grande gentillesse et d'une non moins grande disponibilité. Ils convinrent d'un rendez-vous à Marseille, le port d'où, plus d'un siècle auparavant, les Vingtras s'étaient embarqués pour Oran. Ils se retrouvèrent dans un restaurant de la corniche. Le professeur avait apporté des articles, des revues, des monographies de Saint-Denis-du-Sig, des textes dont Michel n'aurait jamais soupçonné l'existence. Tout était là. Le peuplement et le développement de la commune, les ressources, les cultures.

Et soudain, dans un article de la revue *Terres et eaux* paru en 1951, il découvrit la photographie d'une bâtisse quadrangulaire flanquée de deux palmiers, avec une légende au-dessous : « Ancienne ferme Vingtras. Les premiers concessionnaires ont abandonné rapidement leurs biens. Les bâtiments sont restés ce qu'ils étaient au début. »

Et, en regardant cette maison abandonnée, cette ruine semblable à celle qu'il avait découverte quelques mois auparavant à La Ribeyre, en lisant son propre nom qui était resté attaché à cette demeure, pour la première fois depuis le début de cette quête, Michel Vingtras éprouva un sentiment qui n'était pas seulement de curiosité... Il en eut alors la certitude : l'histoire qu'il avait décidé de reconstituer était autre chose qu'une simple histoire. Elle le concernait – et dans sa vie même.

*

Demeurait l'autre question : le sort de Vital Vingtras. Comment résoudre cette énigme ? L'enquête continuait, semblable à une enquête policière. Le professeur lui avait donné un autre renseignement : les archives d'outre-mer qui étaient situées à Aix-en-Provence avaient recueilli les états civils de la plupart des anciennes colonies françaises ainsi que ceux de l'Algérie. Peut-être y trouverait-il l'acte de décès de Vital.

Aussi, quelques semaines plus tard, Michel Vingtras se rendit à Aix-en-Provence et prit le Chemin-du-Moulin-de-Testas où sont situées les archives. Il y retrouva le professeur qui s'était à nouveau proposé pour être son guide et qui l'aida à obtenir immédiatement une place dans la salle de consultation des microfilms. La salle était étroite et longue, plongée dans la pénombre. Il s'était installé devant le petit écran de la visionneuse et il avait commencé à faire défiler les films. *État civil. Oranie. Saint-Denis-du-Sig. 1880-1890. Actes de décès.* La machine faisait beaucoup de bruit. Les pages du registre défilaient lentement.

Or, il y avait dans cette consultation quelque chose d'assez étrange, il en avait soudain pris conscience. Il regardait des films négatifs et les mots apparaissaient donc en blanc sur fond noir. Le texte était lumineux. Les pages du registre des décès ressemblaient à des ciels nocturnes tout constellés d'étoiles. Les mots qui annonçaient les morts étaient transparents.

C'est dans cet appareil qu'on appelle une visionneuse – peut-être parce qu'il donne en effet des visions – qu'il avait découvert, à la fin de l'année 1883, l'acte de décès de Vital Vingtras.

Il pouvait maintenant reconstituer toute l'histoire.

Il était sorti des archives. Il était allé déjeuner avec le professeur à la terrasse d'un restaurant voisin. On était au mois d'août. Il faisait une chaleur intense, sans un souffle de vent. Le ciel était implacablement bleu. Il aurait pu se croire en Algérie, à Saint-Denis-du-Sig, dans la province d'Oran.

4

Où les Vingtras partent à la recherche d'un continent perdu, s'installent en Algérie, affrontent la sécheresse et périssent sous les eaux

Au début des années 1880, l'Algérie était devenue une colonie de peuplement, une extension de la métropole. L'armée et le gouvernement mettaient donc tout en œuvre pour faciliter la venue et l'installation des colons. Vital servait encore aux zouaves, à Alger, lorsque, quelque temps avant sa libération, on lui présenta les privilèges réservés aux militaires qui décidaient de s'établir : ils avaient priorité dans l'achat de certaines terres et bénéficiaient d'avantages financiers. L'armée organisait même pour eux des visites dans les régions où l'on entendait développer la colonisation.

C'est ainsi que Vital découvrit Saint-Denis-du-Sig, une cité édifiée tout au début de la colonisation par le général Lamoricière, et qui était maintenant une commune de près de 10 000 habitants. Sous le soleil magique du mois d'avril en Algérie, il trouva une ville grouillante de monde, plus espagnole que française, des rues ombragées de platanes, des squares plantés de mûriers et de trembles, des commerces et de petites industries : huileries, confiseries pour les olives, confitureries, fabriques de barils... Il admira les jardins qui entouraient la ville et leurs canaux d'irrigation. La profusion des arbres fruitiers et les cultures maraîchères – artichauts, aubergines, carottes, melons et pastèques, oignons et tomates – lui firent songer aux plus fertiles parties de la vallée de l'Allier. Il découvrit la vaste plaine du Sig qui s'étendait jusqu'aux marais bordant la mer, avec ses grandes propriétés et ses cultures : le blé, les oliviers, les orangers et même la vigne qui lui était chère et qui occupait alors plus de 600 ha. À l'ouest se trouvaient la grande forêt de Moulay-Ismaël et sa bordure infertile qui la séparait des terres cultivables : des bouquets de lentisques et de jujubiers épineux dont la verdure noire se détachait en masses rondes sur un terrain couleur d'ocre.

Il eut le sentiment d'aborder enfin à ce jardin des Hespérides après lequel il avait depuis toujours langui. Il lui parut que c'était une terre de cocagne et que la vie y était facile. Elle était rendue plus séduisante encore par la diversité de ses habitants qui avaient conservé intactes leurs coutumes d'origine, par l'apparente simplicité des rapports sociaux, par cette exubérance méridionale qui ne pouvait que lui plaire, même si elle était factice. Vital tomba donc amoureux de cette terre, et quand, à l'invitation de son fils, Antoine Vingtras débarqua en Oranie, il fut séduit à son tour.

Vital avait jeté son dévolu sur une propriété d'environ 5 ha située sur la rive gauche du Sig, entre la route conduisant à Arzew et la forêt de Moulay-Ismaël. La propriété voisine était également à vendre. Connue sous le nom de ferme Rancé – du nom de son premier propriétaire –, elle faisait plus de 50 ha. Ils se renseignèrent. L'une et l'autre avaient l'avantage de se trouver dans le périmètre irrigable de la commune. Le maire de la commune, le Dr Turot, ne pouvait que les encourager à acheter. « Des terres noires, légères, sableuses, très perméables, riches en humus, absorbant facilement et conservant l'humidité, et où l'on avait toujours vu de belles récoltes et de belles vignes », disait-il. Et si le terrain était, cette année-là, entièrement nu, la faute en incombait à une sécheresse sans exemple, reconnaissait-il avec une honnêteté désarmante.

Les perspectives que l'on traçait pour le proche avenir emportèrent leurs dernières hésitations. D'abord, la ville allait avoir de l'eau potable, amenée des collines du sud, de la propriété du Dr Turot, justement. Ensuite, le grand barrage des Cheurfas allait être mis en eau : avec sa retenue de 17 millions de mètres cubes, il s'ajouterait aux réserves d'un petit barrage situé juste au-dessus de la cité et il permettrait l'irrigation de toute la plaine. Enfin, on leur montra un projet – encore confidentiel, leur dit-on –, la création prochaine de plusieurs centres européens. L'un d'eux, celui d'Al Alamia, les intéressait directement puisqu'il devait se trouver tout à côté de leurs terres. Ce serait un charmant village situé sur « un petit plateau où la brise de mer se fait sentir dès 10 heures du matin », écrivait avec aplomb son rédacteur, Eugène Testut, ancien administrateur européen de la commune mixte de Saint-Denis. On eût dit de la réclame pour quelque promotion immobilière ! Il préconisait un échange de terrain avec les indigènes des tribus voisines – à qui on avait déjà pris presque toutes leurs terres. Le général Lamoricière ne leur avait laissé que la plaine inférieure dont la majeure partie, couverte de marécages, eût été pernicieuse pour les colons ! On leur donnerait quelques compensations territoriales : un communal – qu'ils labouraient déjà ! –, la propriété d'un Israélite – un certain Levy – et une large bande de la forêt de Moulay-Ismaël, celle qui était constituée de landes et de broussailles « et où les touffes de lentisques étaient plus ou moins vigoureuses selon que le sol était plus ou moins fertile », ainsi que l'expliquait sans rire l'administrateur. Son texte s'achevait d'ailleurs sur un véritable morceau d'anthologie publicitaire : « Le sous-sol contient une réserve inépuisable d'eau, tantôt douce, tantôt fade, tantôt un peu saumâtre, au goût de laquelle on s'habitue facilement... » Il fallait bien vendre la colonie aux colonisateurs !

*

La décision fut donc prise : les Vingtras s'établiraient à Saint-Denis-du-Sig.

Mais il y avait eu auparavant de longues et âpres discussions. La mère d'Alexandre, Jeanne, était farouchement opposée à ce départ dont elle pressentait qu'il n'apporterait rien de bon et ferait perdre le fruit de tous les efforts entrepris depuis longtemps par la famille pour améliorer sa situation. Elle voyait bien quelle folie conduisait Vital et quel aveuglement entraînait derrière lui son père. Toutefois, elle n'était que médiocrement soutenue par le reste de la famille dont certains guignaient naturellement les parcelles de vigne, de champ ou de pré qu'Antoine allait mettre en vente. Jeanne se devait cependant de suivre son mari. Il fut convenu qu'Alexandre poursuivrait ses études au lycée d'Alger où il serait pensionnaire.

Alexandre partit en compagnie de Jean, le domestique. L'épisode de l'embarquement à Marseille a été complaisamment raconté par Germaine dans le « cahier noir ». Elle met en scène un jeune homme avisé qui visite le port avec beaucoup de sérieux et ne se laisse pas abuser par l'astucieuse mise en scène de joueurs de bonneteau. La sagesse du futur notaire perçait déjà sous le collégien !

Pour profiter pleinement des avantages financiers consentis à Vital qui venait d'être libéré de ses obligations militaires, ils avaient résolu de mettre les deux propriétés – celle de 50 ha et celle de 5 ha – au seul nom de Vital. La vente fut passée le 6 décembre 1882 en l'étude de Me Mayaudon, notaire à Saint-Denis. Antoine prêtait 23 000 F à son fils en échange d'une « obligation » de celui-ci, c'est-à-dire en échange d'une hypothèque sur la ferme de 50 ha que Vital achetait le jour même pour 20 000 F et dont il réglait 12 000 F comptant. Le solde de ce prêt, soit 11 000 F, devait servir à Vital pour acquérir les 5 ha de la petite propriété, pour engager quelques travaux sur l'exploitation, acheter du matériel, des semences et régler les dépenses courantes en attendant les premières récoltes et les premières rentrées d'argent, six mois plus tard.

Ainsi possédaient-ils une exploitation qui, sans faire d'eux de gros colons, leur conférait d'emblée un statut social enviable.

La première conséquence en était que Vital avait contracté de lourdes dettes. Il devait 8 000 F aux vendeurs : intérêts à verser deux fois par an et capital à régler cinq ans plus tard. Il devait 23 000 F à son père... Mais on pouvait penser que cette « obligation », cette reconnaissance de dette, qui n'était d'ailleurs pas inscrite aux hypothèques, ne serait pas exigible avant longtemps, si même elle devait l'être un jour. Et en effet, sous son apparente sécheresse juridique, elle disait clairement la brûlante réalité des relations sur lesquelles elle était fondée. Cette affaire était bien une confusion entre le fils et le père. Confusion qui portait concrètement sur la possession de la terre et, symboliquement, sur la possession de cette terre dont ils avaient été privés tous les deux... sur la possession d'une morte, Marie.

On saisit bien que cette confusion ne pouvait que les entraîner dans la mort.

De plus, il y avait là tous les signes d'une véritable dépossession du fils cadet, Alexandre, au profit de l'aîné, Vital. Son père disposait de sa part d'héritage : Alexandre en avait certainement pris conscience. Il s'en trouvait encore un peu plus abandonné. Condamné à vivre jusqu'à sa mort l'angoisse de l'exclusion.

*

Entourée de palmiers-dattiers, la ferme était construite en briques de terre. Les pièces étaient petites, il y avait peu d'ouvertures. Il existait un début de mur d'enceinte percé de meurtrières, dans le style des premières constructions agricoles édifiées dans la région. Le souci de sécurité l'emportait sur celui du confort. On voyait aussi l'amorce d'une tour de guet qui n'avait jamais été achevée. En arrivant dans cette maison, Jeanne ne put retenir ses larmes. Elle mit longtemps à s'habituer. À dire vrai, elle ne s'habitua jamais. Alexandre partit en pension au lycée d'Alger. Assez loin pour ne pas revenir le dimanche chez ses parents. Il était tenu à distance, une fois de plus : c'était encore un autre exil.

Ils avaient été bien accueillis. Ils avaient confiance. Ils se sentaient privilégiés. Ils avaient pris des ouvriers espagnols et quelques indigènes. Prudents, ils avaient misé sur les céréales dont ils maîtrisaient bien la culture. Au printemps 1883, toutes les terres avaient été préparées et ensemencées.

Il ne restait qu'à attendre les premières récoltes.

Cette terre les avait séduits sans rien dévoiler de sa férocité. Pourtant la mortalité y avait été longtemps terrifiante : paludisme, choléra, fièvre typhoïde, dysenterie. Le voisinage des immenses marais qui s'étendaient jusqu'à la mer, le climat, les mauvaises eaux bues dans l'oued y avaient décimé la population jusqu'à une époque récente. Ils découvrirent peu à peu la réalité. On leur raconta les déboires des mauvaises années : les sécheresses, les débordements de l'oued, les maladies, les mesquineries administratives, la violence des puissants, les convoitises et les rivalités des uns et des autres, plus âpres encore qu'à La Ribeyre. Ils découvrirent la terre difficile où s'affrontaient des intérêts antagonistes. Ceux des petits colons dont les bonnes âmes se plaisaient déjà à souligner l'étroitesse de pensée, l'absence de toute prévision, le refus de tout investissement à long terme. Ceux des grands colons, obstinés à tirer de leur domaine le maximum de revenus. Ceux des grandes entreprises de travaux publics, avides d'obtenir les meilleurs prix d'adjudication. Ceux des militaires, préoccupés de maintenir les apparences de l'ordre. Ceux de l'administration, soucieuse de faire observer les procédures complexes qui légitimaient son existence et garantissaient sa tranquillité. Ceux des banques pressées de s'assurer les meilleurs taux de rentabilité. Et, tout à fait accessoirement, ceux de populations indigènes dont la colonisation achevait de ruiner l'organisation déjà moribonde et qui semblaient à peine désireuses de survivre.

Ils découvrirent ce que tout le monde s'était ingénié à leur dissimuler. Par exemple, que l'adduction d'eau potable ne toucherait pas leur domaine ! Et, surtout, que les terres qu'ils venaient d'acquérir étaient chargées de sel... On en voyait les traces blanchâtres tout au long des canaux. En ramenant par capillarité le sel à la surface du sol, l'irrigation en accroissait encore la salure. C'était ce qu'on appelait le « salant ». Il progressait inexorablement. En outre, les eaux du barrage des Cheurfas qui devaient justement desservir l'exploitation étaient elles-mêmes fortement salées. Autrement dit, plus on irriguait les terres et plus elles se gorgeaient de sel, devenant ainsi peu à peu impropres à la culture. Ce qui devait logiquement entraîner à terme une perte de leur valeur et, un peu plus tard, leur abandon.

En avril, il y eut quelques tornades accompagnées de nuages de sable. Les premiers signes de sécheresse apparurent et firent craindre le pire.

*

Alexandre vivait sa vie de pensionnaire au lycée Mac-Mahon, à Bab-el-Oued.

L'ancien élève des Frères au collège de Paradis était entré dans un autre univers. Des musulmans, des juifs, des Maltais, des Espagnols, des Italiens, des Français de toutes les origines. De quoi donner au petit Auvergnat le sens du relatif. Un de ses camarades était le fils d'un notable musulman ; pour le récompenser de ses succès scolaires, son père lui avait offert une femme ! L'anecdote devait faire son chemin dans la famille Vingtras. Alexandre avait des professeurs dont l'envergure, ou la médiocrité, l'emportait de beaucoup sur celles des Frères de Paradis. Il affermissait son goût pour les lettres. Sans doute envisageait-il de devenir enseignant et, comme il était très doué, de faire peut-être l'École normale supérieure... C'était du moins ce que lui avaient laissé entendre ses professeurs.

Alexandre était donc un garçon brillant. On ne doutait pas de son avenir. Il donnait satisfaction à ses maîtres, à ses parents, à l'aumônier du lycée, à tout le monde. Il s'était fait souple et intelligent afin d'être aimé de tout le monde. Mais il y avait en lui une blessure originelle : il lui manquait une ossature, une structure intérieure. Il avait les os fragiles. En dépit des apparences, il était faible. Il savait utiliser à son profit les circonstances, mais non pas créer l'événement.

À Alger, il avait un correspondant, comme on disait alors, un proche du Frère Anastasius Martin, qui le faisait sortir le dimanche. Grâce à lui il avait découvert la ville encore en pleine transformation. Il ne restait déjà presque plus rien de l'ancienne cité barbaresque, mais il avait pu voir le petit marché arabe de la place Randon, parcourir la rue du Chameau ou la rue de la Mer-Rouge dans ce qu'on appelait déjà à tort la Casbah. Il s'était promené dans la campagne algéroise jusqu'aux orangeraies de Blida et il avait traversé la forêt de Sidi Ferruch où, un demi-siècle plus tôt, avait commencé la colonisation.

Il devait garder toute sa vie une grande nostalgie de cette brève période algéroise.

Le 9 juillet 1883, alors qu'il s'apprêtait à passer l'oral du baccalauréat, un télégramme lui demandait de revenir de toute urgence à Saint-Denis-du-Sig.

*

À Saint-Denis, le mois de juin avait été épouvantable. Le sirocco – ce vent du sud dont les souffles affaiblis arrivaient une fois tous les vingt ans jusqu'à la Ribeyre – s'était mis à souffler par périodes de six ou neuf jours, amenant des tourbillons de poussière rouge qui obscurcissaient le ciel. Il desséchait la végétation, grillait les feuilles, et on commença à craindre sérieusement pour les cultures. L'été arriva sans qu'il fût tombé une goutte d'eau. Une angoisse étreignait les Vingtras : toutes les récoltes allaient être perdues.

Le début de juillet fut plus terrible encore. Même les nuits n'apportaient aucune fraîcheur. On guettait le moindre souffle de vent agitant les feuilles poussiéreuses. On entendait les hurlements des chacals qui rôdaient dans la plaine. On ne pouvait pas dormir. Vital croyait lire dans les regards de son père et de Jeanne toutes les accusations et une effrayante culpabilité commença à le dissoudre. C'était à cause de lui qu'ils étaient venus ici, et ils allaient par sa faute tout perdre. Mais pas de reproches, pas de scènes, pas de mots pour dire les choses : on ne parlait pas beaucoup chez les Vingtras. Vital entra alors dans l'enfer. La vie et l'avenir devinrent noirs et comme carbonisés. La terre à nouveau lui manquait. Il n'y avait pas d'issue. Il n'en pouvait plus d'un malheur et d'une souffrance qui le taraudaient chaque jour davantage au point d'obscurcir sa raison.

Le 8 juillet 1883, vers la fin de l'après-midi, à l'heure où la chaleur était le plus insoutenable, il quitta la ferme. Il prit le chemin de terre qui longeait les champs vides et il s'en alla vers l'ouest, vers la forêt de Mouley-Ismaël. Personne ne s'aperçut de son départ, ni le domestique, ni Jeanne, ni son père. Ils l'attendirent en vain pour le repas du soir. Mais ils ne s'inquiétèrent pas vraiment. Ils le savaient fantasque, souvent imprévisible. Il lui était déjà arrivé de disparaître plusieurs jours : il se rendait sans doute à Oran. La peur commença cependant à naître au cours de la journée suivante et elle s'amplifia jusqu'à devenir une angoissante certitude. Ils alertèrent alors le maire et les autorités.

Ce furent des Arabes qui signalèrent la chose, au début du mois d'août. Un corps en décomposition dans un puits à ciel ouvert qu'on appelait le trou Karoun et qui se trouvait à l'entrée de la forêt de Mouley-Ismaël. Le cadavre fut retiré du puits, et Antoine vint reconnaître le corps de son fils.

Vital fut enterré au cimetière de Saint-Denis-du-Sig. Naturellement, il n'y eut pas d'obsèques religieuses.

L'année 1883 fut l'une des pires que l'on ait connues dans la région. La sécheresse avait été telle que, faute d'irrigation suffisante, aucune culture n'avait pu arriver à maturité. Ce fut pour certains colons la ruine. Et, un peu plus tard, il y eut une disette si grande parmi les populations indigènes que le préfet dut demander à l'administration de venir en aide aux familles.

*

La mort de Vital obligeait Alexandre à abandonner ses études. Il lui revenait désormais d'aider son père sur l'exploitation et de prendre plus tard sa suite. Et ce fut pour lui un véritable désespoir. L'avenir s'effondrait : il était à nouveau rejeté dans les ténèbres. On peut imaginer les sentiments contradictoires qu'il éprouvait devant le suicide de ce demi-frère, l'enfant préféré de son père, qu'il avait à la fois admiré et détesté au point d'avoir mille fois souhaité sa disparition. Une haine qui devenait désormais véritablement invivable puisque son objet même s'était donné la mort, et qui ne pouvait que se transformer en culpabilité. Pour le restant de ses jours.

Alexandre avait dix-huit ans. Il lui fallait maintenant accomplir son service militaire. Il fut incorporé au 1er régiment de Chasseurs d'Afrique à Miliana.

*

À la ferme des Vingtras, la vie avait repris son cours. Il y avait des dettes. Il fallait continuer. Après le suicide de son fils, Antoine s'était replié sur son chagrin et sa honte. Il semblait avoir vieilli de vingt ans.

Le 8 février 1884, vers 4 heures de l'après-midi, il se trouvait à Saint-Denis-du-Sig où il venait pourtant assez rarement. Il y était connu de tout le monde, mais il ne connaissait presque personne. Il avait attaché le cheval et l'attelage aux grilles du square Lamoricière et il s'apprêtait à entrer dans le bureau de poste voisin, lorsqu'il se fit une grande agitation. Des gens couraient dans les rues en criant : « Le barrage est rompu ! Le barrage est rompu ! » Le bruit se répandit qu'un Arabe à cheval venait d'arriver à bride abattue à l'entrée de la ville pour prévenir que le barrage des Cheurfas venait de s'effondrer ! La plupart demeuraient cependant incrédules. Une grande incertitude régna pendant quelques instants, et Antoine ne savait quel parti prendre. Soudain, au moment où il s'apprêtait à regagner la ferme, l'eau commença à apparaître dans les rues et elle inonda rapidement toute la ville. Une nappe d'environ 20 cm couvrait le sol. On considérait ce spectacle avec un serrement de cœur en songeant à la perte de cette eau sur laquelle étaient basées tant d'espérances. Mais personne ne concevait de réelle inquiétude, ni pour la ville ni pour les terres. D'ailleurs, après environ une demi-heure, l'eau commença à baisser.

Or, au moment où Antoine détachait le cheval de la grille, le niveau de l'eau monta à nouveau, et cette fois très rapidement. Le petit barrage situé en amont de la ville venait d'être emporté ! Et c'était comme si un fleuve formidable roulait maintenant dans la ville. Des torrents d'eau boueuse dévalaient les rues, s'entrecroisaient, se bousculaient et, ne cessant de monter, envahissaient les caves, puis les rez-de-chaussée, atteignant partout plus de 2 m et, dans beaucoup d'endroits, près de 3 m. L'affolement s'était emparé des habitants. Certains se réfugièrent sur les toits de leur demeure, d'autres tentèrent de gagner le faubourg ouest de la ville, pataugeant dans l'eau au milieu des cris, des appels et des pleurs des enfants. L'eau couleur de terre montait toujours, inexorablement, charriant des herbes et des branchages, des objets qu'on ne pouvait identifier. Il régnait partout une étrange odeur acide. Il se passa plus d'une heure avant que le niveau des eaux commence enfin à baisser.

Le cœur empli d'angoisse, Antoine entreprit de rejoindre la ferme où il avait laissé sa femme. Il traversa un paysage de désolation qu'éclairaient les lueurs d'un beau soleil couchant. Le torrent avait tout balayé sur son passage : ponts, maisons, douars, ainsi que les plantations qui se trouvaient au bord de l'oued. Des fermes même avaient été rasées. Une fange luisante recouvrait tout et le sol était jonché de détritus et de morceaux de bois. L'eau avait ravagé, corrompu, déformé les choses, et c'était là sans doute le plus épouvantable : rien n'avait vraiment disparu, mais tout était dénaturé. Le déferlement des eaux avait mis sur la plaine du Sig un masque immonde, elle n'était plus qu'un marécage immense et glacé.

Située à peine au-dessus du niveau de l'oued, la ferme Vingtras avait été dévastée. Les murs de la maison étaient intacts, mais le rez-de-chaussée était saccagé, et tous les champs étaient noyés sous la boue.

*

Antoine mourut quelques mois plus tard, le 8 novembre 1885. Suicide ? Accident ? Maladie ? Peu importe. Il se laissait mourir pour rejoindre enfin Marie, la morte, la femme primordiale qui se tenait dans son ombre et qu'il n'avait jamais cessé d'aimer. Il rejoignait enfin le fils en qui il avait mis toute sa vie et auquel il ne pouvait survivre.

Il abandonnait sa femme, Jeanne. Il abandonnait son fils, Alexandre, comme si celui-ci ne comptait pas pour lui... Et Alexandre ne pourrait plus jamais espérer être vu par son père : il serait obligé de chercher toute sa vie, désespérément, le regard et l'amour d'un mort. Il ne pouvait encore comprendre que les fils portent en eux, jusqu'à en mourir ou à en devenir fou, la mort ou la folie des pères.

Lui aussi, bien plus tard, à son tour, il se laissera mourir.

*

On ne sait presque rien de sa vie au cours des années qui suivirent. Quelques semaines après la mort d'Antoine, il obtint de l'armée un congé de convalescence de trois mois. Congé de complaisance probablement, compte tenu de sa situation de famille après la catastrophe du Sig.

Peut-être essaya-t-il de reprendre l'exploitation : on construisait un nouveau barrage, un moratoire des dettes avait été négocié. Mais cette terre ne représentait pour lui qu'amertume et ne laissait entrevoir que des difficultés sans nombre. Il portait comme un deuil l'obligation d'avoir dû abandonner ses études et il n'avait nul goût à poursuivre cette entreprise. Cependant il se sentait moralement tenu de rembourser les dettes de Vital et de son père : un capital de 6 600 F payable à raison de 1 000 F par an, non compris les intérêts. Il lui fallait donc sauver ce qui pouvait encore l'être. Or, la valeur des terres s'était effondrée, et il eût été aberrant de s'en défaire à ce moment-là. Il trouva alors un emploi de grouillot, puis de clerc, chez le notaire de Saint-Denis-du-Sig, Mathieu Mayaudon. Il fit là ses premières armes dans le métier.

Sa mère n'avait pas tardé à regagner la France pour s'installer à Brioude. Elle avait vécu dans l'ombre d'un homme qui ne l'avait jamais aimée, elle vivrait désormais dans l'ombre de son fils, attendant qu'il prenne une revanche. Et, bien qu'Alexandre lui fût très attaché, la nécessité où il se trouvait de réussir impliquait qu'il se séparât d'elle.

Au début de l'année 1889, on le trouve second clerc chez Me Godillot, notaire à Oran. Six mois plus tard, il est nommé premier clerc. Il parvient alors à vendre enfin la ferme. En raison des événements tragiques qui s'y étaient déroulés, elle devait conserver longtemps le nom de ses éphémères propriétaires, la ferme Vingtras.

Alexandre s'embarqua en juillet 1890 pour Marseille. Il avait vingt-quatre ans. Il avait toute la vie devant lui. Et toute sa vie, cependant, était déjà jouée.

Antoine est mort avant qu'Alexandre ait pu l'affronter, éprouver face à lui sa réalité d'homme et faire de lui le deuil. Il est mort au moment même où, devenu son seul fils, Alexandre allait reprendre l'exploitation et espérer qu'enfin son père le reconnaisse. Or il ne pourra jamais obtenir l'amour de ce père. Et pourtant il ne peut renoncer à ce désir qui fonde sa vie et il se condamne à devoir indéfiniment mériter cet amour dont il a été si injustement privé. Il lui faudra réussir, se montrer respectable, intègre, bon, gentil, serviable en toute circonstance. Il est condamné à un absolu de perfection pour effacer sa honte : avoir été indigne de l'amour de son père puisque celui-ci est mort sans parvenir à l'aimer.

D'où l'austère exigence qui va gouverner sa vie. Efforts désespérés et voués à l'échec : comment obtenir la reconnaissance d'un mort ? D'où la tristesse d'Alexandre et le goût de cendres qu'aura plus tard son existence.

5

Où l'on feuillette des albums de photographies pour voir le visage des morts et où l'on visite des cimetières pour connaître leur nom

La mort de Vital Vingtras, le registre des décès de Saint-Denis-du-Sig n'en faisait mention que tout à fait à la fin de l'année 1883 et, à la place des formules habituelles, on trouvait un jugement du tribunal civil de première instance d'Oran, en date du 27 septembre de la même année.

« Le sieur Antoine Vingtras, cultivateur aux environs du Sig, expose que son fils Vital est tombé le 8 juillet 1883 dans un puits situé à l'entrée de la forêt de Mouley-Ismaël, non loin de la route de Saint-Denis-du-Sig à Gar-Karoun où il a trouvé la mort ; que son cadavre n'a été retiré de ce puits que le 6 août 1883 par les soins du sieur Joseph Pagès, sergent des pompiers ; que son identité et son décès ont été constatés par Monsieur l'Administrateur délégué qui en a dressé procès-verbal. L'exposant a le plus grand intérêt à solliciter du tribunal civil d'Oran un jugement qui constate le décès de son fils, l'acte de décès n'ayant pu être transcrit en temps utile sur les registres de la commune par suite de sa disparition. »

Sur la même page figurait le décès de Mohammed Snoussi ould Abdallah Ben Djalla, mort le 6 juillet 1883, au bagne de Saint-Laurent du Maroni, à l'âge de quarante-trois ans. Mais cette mort, elle, il n'y avait pas eu besoin de jugement pour la transcrire sur le registre.

À la mort de Vital, Antoine était en effet totalement dépourvu de droits sur ses terres : il n'était que l'héritier de son fils. Pour qu'il apparaisse comme propriétaire de la ferme – ne fût-ce que pour la revendre par-devant notaire ! – le décès de Vital devait officiellement figurer sur les registres de l'état civil. Il avait fallu pour cela engager une procédure et obtenir un jugement.

*

Michel le comprenait maintenant. Dans la recherche qu'il avait entreprise, il ne découvrirait rien qu'il n'ait déjà pressenti. Il retrouverait les pièces manquantes, il compléterait le puzzle. Mais les informations essentielles avaient toujours été là, aux limites de sa connaissance. Simplement, il n'avait pas su les voir.

Ainsi de cette « obligation » de Vital à son père, un document à couverture rouge, rédigé d'une belle écriture fluide, avec la signature élégante et acérée de Me Mayaudon, le notaire. Il le connaissait depuis longtemps, ce document, il l'avait même parcouru autrefois... Mais sans réellement saisir la signification de cet arrangement familial qui faisait que le père s'effaçait derrière le fils, qu'ils ne faisaient plus qu'un, le père et le fils, religieusement, incestueusement reliés l'un à l'autre dans la possession de la terre.

Ainsi de cet étrange billet à ordre qu'en son temps il n'avait pas non plus su lire. Il était glissé dans les papiers d'Alexandre, au milieu des lettres d'affaires, des comptes et des créances. Et pourtant la vérité sur le destin de Vital y figurait en toutes lettres... À un détail près, une étrangeté de rédaction que sa lecture distraite ne lui avait pas permis de percevoir, car il était par avance convaincu que ce billet ne traitait que de banales affaires d'argent ! « Reçu de M. Antoine Vingtras un effet de quatre cent soixante dix-sept francs pour solde des frais et travaux pour retirer du trou Karoun le corps de *mon* fils. Signé Brunet. » Ce reçu avait été dicté ou rédigé par Antoine lui-même pour le compte du sieur Brunet. Un lapsus bien compréhensible lui avait fait écrire *mon* fils au lieu de *son* fils – puisque le billet parlait de lui à la troisième personne. Et Michel en avait trop rapidement inféré que cela ne concernait pas Antoine...

L'histoire était là, sous ses yeux, et il n'avait pas su la comprendre ! Un suicide. Les Vingtras l'avaient toujours caché. Des douleurs et des faiblesses trop humaines pour être reconnues dans une famille bourgeoise en pleine ascension sociale, une de ces familles bien catholiques et bien-pensantes qui dissimulent soigneusement la vérité de leur vie mais finissent toujours par en faire mourir leurs enfants.

*

À la Bibliothèque nationale, Michel Vingtras avait pris des photocopies de journaux qu'il avait consultés. Ces articles, ces fragments d'information qui semblaient issus d'un autre monde, il aurait voulu les lire tous et tous les conserver. Le 14 février 1885, *Le Petit Fanal oranais*, une feuille radicale-socialiste et anticléricale rédigée par le Citoyen Bézy, relatait la prise de Khartoum et la mort de Jules Vallès. Il annonçait les représentations du Cirque Fillis dans la salle du Théâtre des nouveautés à Oran. Il rapportait qu'un soldat avait été condamné à mort pour avoir lancé une pierre à la tête d'un colonel pendant que celui-ci présidait le conseil de guerre. Il publiait en feuilleton *Les exploits de Rocambole. L'Écho d'Oran* rendait compte du bal du Yacht-Club organisé au profit des victimes de l'inondation du Sig ; l'article décrivait les toilettes somptueuses et évoquait sobrement un échange de gifles entre dames du même monde. Un concert avait également été donné en faveur des inondés et le journal citait quelques vers de « la charmante poésie » qui y avait été dite pour évoquer la catastrophe : « Les hommes confiants et les femmes heureuses, / Dans les prés parfumés les enfants souriants. / Puis soudain la Ruine et le Deuil. Oh Misère ! / Un craquement horrible ! Un flot aveugle et lourd / arrive, monstrueux, sur la ville et l'enserre / Comme sur l'oisillon chantant fond le vautour... » Le même numéro publiait également un article sur la peste.

Le Petit Fanal oranais donnait de nombreux détails sur l'inondation. Beaucoup de maisons avaient eu leurs murs crevés et s'étaient effondrées. Les caves et les rez-de-chaussée étaient remplis d'une vase infecte. Un quartier de plus de trente maisons avait été complètement détruit. Fort heureusement, les habitants avaient pu fuir vers le Village-nègre ou se réfugier sur les toits. On comptait cependant une dizaine de victimes. L'inondation avait causé de grandes pertes matérielles : récoltes enlevées, usines détruites, ponts écroulés et, surtout, disparition de l'énorme provision d'eau que contenaient les barrages et dont on assurait qu'elle aurait été suffisante pour irriguer les terres pendant au moins trois ans.

Il expliquait également l'origine de la catastrophe. La rupture du grand barrage des Cheurfas avait été causée par des infiltrations dans les roches sur lesquelles il était trop faiblement ancré. Il défiait en effet toutes les normes de construction et était voué à l'effondrement. L'administration l'avait clairement indiqué en son temps, mais elle s'était inclinée devant les intérêts supérieurs des colons constitués en syndicat. Ils avaient exigé que l'on réalisât la plus grande retenue possible, et au moindre coût.

« Voilà le Sig sans eau et les colons endettés par les emprunts qu'ils avaient contractés dans le but de préparer l'irrigation de leurs terres... La période à traverser va être dure et beaucoup de malheureux débiteurs seront enlevés par le débordement de leurs créances ! », écrivait avec un humour dévastateur le Citoyen Bézy.

*

Photographie prise à Oran chez Me Godillot, notaire. Ils sont une douzaine à poser derrière une table, assis, debout ou même, pour les plus jeunes, accroupis au premier plan. Trois seulement ont droit à un siège. Me Godillot, une plume à la main, comme s'il se devait de rédiger et de signer encore. Le principal, en redingote, l'air important. Et le premier clerc, Alexandre Vingtras. Taille : 1,67 m, cheveux noirs, sourcils noirs, front large, yeux châtains, nez ordinaire, bouche moyenne, menton rond, visage ovale. Il a posé ses doigts sur l'extrême bord de la table, à côté d'un livre qui ne peut être qu'un recueil de textes de lois : il commence tout juste à se faire sa place. Au contraire des autres, il ne regarde pas l'objectif, mais un point situé sur le côté... Peut-être ne désirait-il pas vraiment être là... Peut-être avait-il déjà franchi en esprit la Méditerranée pour retrouver son Auvergne natale et y devenir enfin quelqu'un.

Lors de la vente de la ferme, il avait négocié le remboursement des dettes auprès du Comptoir d'escompte de Saint-Denis : l'acquéreur se substituait au vendeur pour en effectuer le règlement. On ne pouvait mieux exprimer la hâte avec laquelle il désirait se dégager de cette affaire. Or, l'acquéreur devint presque aussitôt insolvable, et le Comptoir se retourna contre Alexandre. Celui-ci se comporta alors de façon exemplaire – son image était en jeu – et il accepta de rembourser la dette. Il le fit d'ailleurs remarquer dans une lettre adressée à ses créanciers : « Je paie en somme une dette de mon frère à laquelle je n'étais plus tenu, n'ayant rien retiré de sa succession. » Et son correspondant de lui en donner acte : « Vous avez agi, je suis heureux de vous le dire, en honnête homme, et en homme aux sentiments élevés et délicats. » Que ne ferait-on pas pour lire de telles phrases !

*

Michel feuilletait un album à la ferrure de cuivre, dont la couverture brune était ornée de liserés dorés. Plus d'une centaine de photographies sur carton fort enchâssées dans les pages épaisses. Elles portaient au verso le nom du photographe. Mais jamais une légende, jamais un nom : c'eût été une insulte que de mettre une étiquette sur des personnes que tout le monde pouvait alors identifier.

Cette photographie prise à Alger, représentait-elle Alexandre ou Vital ? Difficile à savoir... Mais, à la réflexion, ce ne pouvait être qu'Alexandre. Il n'y avait pas de photographie de Vital, il ne pouvait pas y en avoir. Son frère n'avait rien voulu conserver de cet homme qu'il avait un temps aimé et admiré et dont il avait mille fois désiré sa mort, cet homme qui l'avait indirectement empêché de poursuivre ses études. Le souvenir même de ce malheureux avait été effacé de la mémoire familiale. Ne demeurait qu'un livre au titre stupide, *Culottes héroïques*, sous-titré *Les Nuits de la Casbah,* roman passionnel, de Victorien du Saussay, à Paris, chez Albert Méricant, éditeur. Un ouvrage orné de quelques gravures suggestives mais à peine licencieuses, qui racontait les aventures de la belle Mathilde et de Jean Clerval, engagé volontaire dans le 1er régiment de Zouaves, à Alger – seule référence à Vital, mobilisé dans ce même régiment.

Et Jeanne Vingtras, la mère d'Alexandre, comment la reconnaître dans la foule de ces personnages anonymes, de ces enfants, de ces premiers communiants, de ces jeunes mariés qui remplissaient l'album de leurs raideurs et de leurs sourires niais et qui posaient tous pour les mêmes photographes, à Clermont-Ferrand ou au Puy ? Qui était-elle ? Une femme qui avait passé sa vie à lutter contre le souvenir d'une morte. Une veuve vouée à l'obscurité et qui avait voulu de toutes ses forces la réussite de son fils. Mais encore ?

Michel avait retrouvé une des rares personnes – peut-être la seule personne – à l'avoir connue. C'était Suzy, la fille de Vitaline, une nièce de Jeanne. Il était allé lui rendre visite, à Neuilly, dans la résidence pour personnes âgées où elle demeurait. Elle se souvenait de Jeanne Vingtras. C'était pendant la Grande Guerre, alors qu'elle était toute petite. Jeanne portait en permanence la coiffe des paysannes du Brivadois et on l'appelait l'« Africaine ! » à cause de son teint basané et des quelques années qu'elle avait passées en Algérie. « Ils en étaient revenus bien penauds ! », disait-on en parlant des Vingtras. C'était l'expression alors employée dans la famille : ils avaient été en quelque sorte punis de n'avoir pas fait comme tout le monde.

Plus tard – elle était alors adolescente – Suzy avait vu Alexandre lorsqu'il venait à Brioude. « Un homme d'une gentillesse extrême, très serviable, un homme profondément bon. »

Encore une photographie d'Alexandre. Prise sans doute à l'époque de son mariage avec Joséphine, la fille du Dr Broquin. Photographie inaltérable au charbon, chez Alfred Gendraud, ancien élève de l'École des beaux-arts de Lyon (1er prix 1875), 5, rue d'Assas, à Clermont-Ferrand. Une solide tête brachycéphale, les cheveux coupés en brosse, une moustache aux crocs relevés et une petite barbiche qui semble duveteuse. Veston sombre et strict, faux col, nœud papillon blanc barré d'une petite épingle. L'air un peu triste et fatigué.

Il lui fallait toujours donner des preuves de son existence et il avait toujours des dettes à payer. Ce qui était très fatigant. Alexandre était un homme fatigué.

*

Michel Vingtras reprit ses recherches. Il lui fallait maintenant approfondir ce qu'était cette famille Broquin dans laquelle Alexandre était entré. Il pressentait qu'il y avait de souterraines correspondances entre l'histoire de cette famille et l'histoire d'Alexandre. Aussi entreprit-il une nouvelle quête qui le conduisit à nouveau dans des mairies et aux archives.

Il alla même dans les cimetières, à la recherche de noms et de dates sur d'anciennes tombes. Le dernier qu'il visita se trouvait à flanc de coteau dans une vallée étroite. Il était désert et baigné d'une lumière dorée. De vieilles sépultures s'étageaient jusqu'à la lisière d'un bois et des branches d'arbre débordaient par-dessus le mur. La tombe qu'il cherchait était très haute, en lave noire. Les chaînes qui l'entouraient avaient disparu, les dalles étaient disjointes. Une grande plaque portait des noms et des dates gravés sur deux colonnes.

Le prochain épisode relate vingt ans de la vie d'Alexandre. Elle se déroule pour l'essentiel à Bort-les-Orgues, une petite ville de Corrèze. Elle va de 1893, année de son mariage et de sa nomination comme notaire, jusqu'à 1910, année où il cède son étude et où le destin de ses enfants semble déjà tracé. Ce sont les années heureuses. Celles de l'accomplissement. Celles de la réussite, comme on pouvait encore l'appeler à cette époque-là. Celles où la mort prépare doucement, soyeusement, son entrée en scène.

6

Où l'on voit comment la culpabilité assure les progrès de l'économie et où Alexandre le Grand devenu notaire conquiert les titres et les terres

Une impérieuse nécessité conduisait la vie d'Alexandre.

À peine avait-il quitté l'Algérie qu'il se retrouvait principal de l'étude de Me Mazaud, notaire à Ussel, en Corrèze. Installation sans doute préparée depuis Oran, avec l'aide du notaire de Saint-Ilpize.

Un an plus tard, il épousait Joséphine, la fille du Dr Broquin, médecin à Bort-les-Orgues, et son beau-père lui avançait l'argent nécessaire pour acquérir un office de notaire dans cette même ville.

Il fut présenté à la Chambre des notaires de la Corrèze dont il connaissait déjà tous les membres : un aréopage de notaires plus soucieux des bonnes manières, de la bonne réputation et de la sensibilité politique du candidat que de ses connaissances juridiques. Elle diligenta sous les auspices du procureur une vague enquête de moralité et donna un avis – naturellement favorable – à sa nomination. Par ses origines rurales modestes comme par son expérience, Alexandre était déjà un des leurs. Il fut nommé notaire le 29 avril 1893 par décret du président de la République, Sadi Carnot, et il prêta serment à l'audience du tribunal d'Ussel quelques jours plus tard.

*

Il faut maintenant découvrir cette famille Broquin, comme Alexandre la découvrit lui-même.

Et voir comment Alexandre et sa femme vont suivre à la lettre la principale instruction contenue dans leur programme psychique : agir toujours de façon à obtenir ou à conserver l'amour de ses parents. Leur culpabilité garantit leur obéissance, et leurs névroses respectives sont parfaitement conformes aux normes en vigueur. Exactes répliques de la névrose collective, elles garantissent la défense et la promotion des valeurs sur lesquelles repose, en cette fin de siècle, la société française.

*

Né en 1839, Camille Broquin avait fait ses études de médecine à Paris – il y avait été le condisciple de Georges Clemenceau. Il revint s'établir à Bort où son père était receveur principal des contributions. Une famille d'origine paysanne naturellement, mais qui avait déjà compté, du côté maternel, nombre de notaires, juges, avocats et avoués. Une famille très pratiquante : le docteur avait un oncle chanoine à Brive, une tante religieuse à Tulle et il était connu pour sa foi agissante, sa grande charité devant la misère – considérée comme un malheur plutôt que comme une injustice. Il s'intéressait à la chose publique : il était conseiller municipal et il avait même été maire de Bort pendant une brève période. Sa mère était morte dans un état proche de la démence. Son frère aîné, Théophile, surnuméraire aux contributions, avait dilapidé en spéculations son peu de fortune et, persécuté, achevait misérablement sa vie en persécutant son frère.

Il avait épousé Gabrielle Ursule Émilie Dolivier, dite Aline, fille unique d'un pharmacien de Mauriac et, surtout, unique descendante d'une famille autrefois très influente dans le nord du Cantal. Le premier représentant connu des Dolivier était notaire à Salers en 1386. Un autre s'illustra lors de la défense de la ville attaquée par les protestants en 1585. Il y fut blessé, et il y a dans l'église de Salers un tableau où il est représenté, l'épée à la main. Les descendants exerceront les mêmes fonctions jusqu'à la fin de l'Ancien Régime. Propriétaires terriens, ils seront également investis de diverses charges consulaires, et ils fourniront un fort contingent de prêtres, de religieux et de religieuses. On parlait encore de ce Dolivier dont le baptême fut salué par les cloches de vingt paroisses. Le grand-père d'Aline, François-Marie Dolivier, avait été nommé directeur du département du Cantal pendant la Révolution. Arrêté sur dénonciation de Carrier – le terrible autographe figurait dans les papiers de famille –, emprisonné à la Conciergerie, il avait failli être guillotiné et n'avait dû son salut qu'à la réaction thermidorienne. C'était le grand homme de la famille ! Il avait bénéficié de tous les avantages de la guillotine sans en avoir éprouvé les inconvénients...

Or, de cette famille qui comptait au début du siècle une quarantaine de représentants, il ne restait à présent personne. Presque tous les enfants de la branche aînée étaient morts peu après leur naissance et ceux des branches cadettes n'avaient pas eu de descendance. Aline était la dernière représentante de cette famille autrefois innombrable et illustre.

Tous ces détails sans importance en eux-mêmes ne sont ici donnés que parce qu'ils permettent de comprendre comment, dans l'imaginaire de la petite Aline, l'histoire de cette famille Dolivier, ses grandeurs et ses malheurs avaient pris une place démesurée. Elle était la seule héritière d'un passé de cinq ou six siècles. Elle portait tout le poids de cette famille et elle était chargée de la faire revivre. Elle avait elle-même perdu deux de ses enfants en bas age. Et deux autres, deux garçons, étaient légèrement débiles et totalement dépourvus de jugement ; à la demande de leurs parents, ils avaient même été « interdits », c'est-à-dire privés de la libre disposition de leurs biens. Ils n'auront jamais aucune position sociale ni aucune descendance. L'un sera placé jusqu'à sa mort chez les Frères des écoles chrétiennes, l'autre passera presque toute sa vie en pension chez un curé de campagne.

La lignée des Broquin et celle des Dolivier étaient donc interrompues. Ce qui renforçait l'exigence de réparation dont était chargée la fille, Joséphine, l'épouse d'Alexandre. Elle portait d'ailleurs le prénom du dernier représentant mâle de la famille Dolivier, le propre père d'Aline, Joseph Dolivier, le pharmacien de Mauriac, qui occupait ses loisirs à lire les poètes latins et à écrire des poèmes. Aline lui vouait une admiration, un amour et une dévotion sans bornes – et au-delà de la mort même, puisqu'elle avait fait transférer sa dépouille dans la sépulture des Broquin au cimetière de Bort-les-Orgues, dans le caveau où elle serait sans doute elle-même inhumée.

Joséphine était par conséquent investie d'une mission réparatrice fondamentale : redonner vie et gloire aux arbres morts.

Il fallait naturellement quelqu'un pour l'y aider. C'était là qu'intervenait Alexandre. Et on voit bien en quoi ce projet correspondait admirablement à l'ambition et au désir d'ascension qui le fondait lui-même. Et en cela seulement résidait le sens de ce mariage et de cet établissement.

*

L'affaire s'était passée, à Neuvic-d'Ussel, où les Broquin étaient venus rendre visite à des cousins. Le notaire Mazaud, qui était également de la famille, leur avait présenté Alexandre, un jeune homme de bel avenir. Aline avait discerné en lui, au premier regard, ce qu'il était et ce qu'il avait à faire. C'était l'homme qui convenait à sa fille, c'est-à-dire qui lui convenait à elle-même. Ils avaient tous un même tribut à payer aux morts, et jusqu'à ce que mort s'ensuive. Ils avaient les mêmes obligations de réussite. Ils étaient faits pour s'entendre. Les origines d'Alexandre, les épreuves qu'avait traversées sa famille, sa réputation d'homme de devoir et de cœur, son sérieux, son ambition légitime et les sentiments très chrétiens qu'il affirmait convenaient parfaitement à la très chrétienne famille Broquin. Consultés grâce à l'obligeance du curé doyen de Bort, les curés de Saint-Ilpize et de Saint-Denis-du-Sig avaient dit le plus grand bien d'Alexandre. Il épousait la famille plus encore que la fille. Il serait tout à fait capable de tenir dans le monde la position qu'on attendait de lui.

Ce qui n'excluait pas l'existence de quelques sentiments.

C'était donc grâce au Dr Broquin qu'Alexandre avait pu acquérir l'office de notaire à Bort pour la somme de 45 000 F – c'était du moins le prix déclaré. Versement immédiat de 15 000 F à celui dont il prenait la suite, versement de

10 000 F un an après la prestation de serment, et versement de 5 000 F chaque année pendant quatre ans, avec intérêts à 5 %. Il devrait rembourser le Dr Broquin : 1 000 F par an pendant quinze ans, plus les intérêts. Il versait également 1 000 F par an au Comptoir d'escompte de Saint-Denis-du-Sig pour rembourser les dettes de son père et de son frère.

Les obligations financières d'Alexandre traduisaient bien sa dépendance. C'était le prix à payer pour satisfaire les morts.

Contrat de mariage. Alexandre Vingtras apportait vêtements, linge et bijoux à usage personnel, une bibliothèque et un mobilier d'office de notaire. Sa mère lui donnait 10 000 F sauvés du désastre algérien. Joséphine apportait son trousseau, un lit, un piano, une chambre à coucher avec douze draps de lit, et 25 000 F. Les jeunes époux avaient la jouissance d'une très belle demeure, rue de Paris, au centre de Bort : une cave, deux pièces au rez-de-chaussée, trois pièces au second étage et une mansarde. On l'aura compris, le reste de la maison était occupé par les Broquin – et par le cabinet du docteur.

Alexandre et sa femme avaient également à leur disposition une partie du jardin, profond d'une centaine de mètres et qui donnait, de l'autre côté, sur la rue du Baissat, nom qui était, on s'en souvient, celui de la mère d'Alexandre, et qui signale une prairie humide ou un marais. La rue était ainsi nommée parce qu'elle conduisait autrefois à des zones marécageuses, en contrebas, le long de la Dordogne. On peut voir dans la situation de cette maison comme une métaphore de la vie d'Alexandre. Côté jardin, les marais, l'origine paysanne, la terre d'où il est issu. Côté cour, la rue de Paris, la capitale dont l'éclat fascine la province, la ville où il faut aller pour réussir et où les Vingtras enverront plus tard leur fils.

Cette distance à parcourir entre la rue du Baissat et la rue de Paris, c'est celle de la promotion sociale, celle qui va du jardin à la cour, de la campagne à la ville...

*

Selon l'état civil, elle se prénomme Joséphine – son grand-père maternel s'appelle Joseph. Mais, dès son mariage, elle prend un autre prénom qui figurera dans les actes officiels : Joséphine, dite en famille Marie. Comme c'est étrange ! Elle porte le même prénom – et le même nom – que la première femme du père d'Alexandre : Marie, celle qui était morte de la tuberculose, celle dont le fantôme était toujours agissant.

C'est une femme à l'intelligence pratique et qui ne rêve pas. Son éducation lui a donné une forte structure morale et des valeurs très conventionnelles. C'est elle qui gouverne, qui donne l'impulsion organisatrice, matérielle, domestique. Qui assure la gestion quotidienne de la famille. Ce n'est pas une tendre. Ni une mère nourricière. Ses enfants, elle les élèvera avec une grande rigueur. Sévère, mais toujours juste et mesurée, elle surveillera très attentivement leur éducation. La femme du notaire, la notairesse, que fait-elle toute la journée ? Elle est à sa toilette, elle s'occupe de la maison, elle s'entretient interminablement avec sa mère, elle attend le retour de son mari pour le déjeuner, elle lit des journaux et des revues, elle joue un peu de piano, elle prend le thé avec les dames de la bonne société bortoise. Elle fait tout ce qu'il faut pour accomplir la mission dont elle est chargée : faire réussir les siens pour qu'ils l'emportent sur tous les autres.

Bien que son mariage avec Alexandre soit un mariage de convention, elle y a facilement consenti. Alexandre est bel homme, intelligent et sensible. Mais, dans l'intimité, elle a dû être très déçue par la faiblesse profonde et les peurs quasi adolescentes de son mari. Car, malgré son nom, Alexandre n'est pas un conquérant. Il n'avance pas en force mais il sait louvoyer avec ténacité. Il est consciencieux, méticuleux même, avec cette application quasi scolaire qui lui a si bien réussi quand il était enfant et qui constitue dans son métier une éminente qualité. Doté d'une intelligence aiguë et rapide qui lui fait saisir l'essentiel avant les autres, il est également très sensible... Mais, comme toutes les personnes fragiles, il doit consacrer beaucoup d'énergie à le dissimuler. On a vu quelle obligation de réussite il s'était donnée pour survivre et de quelle mission rédemptrice il était lui aussi chargé. Il est tenu d'être parfait. Il est trop avide de considération, trop rigide, trop sérieux pour risquer de perdre. Une loi intérieure implacable gouverne sa vie et il ne tolérerait pas de seulement soupçonner la violence et la colère qui sont en lui. Tant qu'il est jeune, il témoigne d'une certaine force. Mais, une fois ses obligations accomplies, une fois qu'il aura payé toutes ses dettes, il se couchera, cet homme de devoir, il se laissera aller à sa faiblesse, le pauvre Alexandre... Et il se laissera mourir.

*

Le notariat auquel il vient d'accéder a constitué dans la seconde moitié du XIXe siècle un lieu privilégié d'ascension sociale. La plupart des notaires sont alors issus du milieu rural. En province, c'est encore une des positions les plus prestigieuses – à égalité avec le médecin dont les études sont longues, difficiles et coûteuses, et au-dessus du pharmacien dont l'officine est chère.

Les qualités paysannes d'Alexandre : regarder, attendre, compter, tenir sa langue, conviennent parfaitement à l'exercice de sa profession. Il sait observer l'univers qui l'entoure, saisir les difficultés, deviner les craintes et les espoirs de ses clients, débrouiller les « affaires de famille » et leur apporter des solutions patrimoniales parfaitement honorables. Il traite de la chair même de la famille : le devenir des biens et des fortunes. Il a les mains dans le sang. Il voit ce que dissimulent les bons sentiments. Il devine les turpitudes, les haines, les vols, les morts suspectes... Il sait tout, et il fait toujours comprendre qu'il ne dira rien.

Pour les aristocrates possesseurs de terres mais souvent fort démunis, pour les bourgeois avides d'acquisitions foncières, pour les ruraux soucieux de placements discrets, le notaire, notable proche et qui a leur confiance, se révèle un intermédiaire idéal. Il devient leur banquier. Ainsi s'est développé « le prêt sur billet ». À celui qui veut placer son argent, Alexandre promet un intérêt de 5 % l'an, bien supérieur à celui de la rente. Et celui qui a besoin de cet argent et le lui emprunte verse à Alexandre des intérêts à 6 % ! Il empoche la différence. C'est une activité occulte – mais ô combien fructueuse ! – sur laquelle tout le monde ferme les yeux parce qu'elle arrange tout le monde. Mais Alexandre a compris les dangers de ce système bancaire sauvage où d'autres se sont laissé prendre. Car dans le cas où les emprunteurs ne peuvent rembourser, c'est le notaire qui se trouve piégé, incapable d'honorer ceux qui lui ont fait confiance, moins par malhonnêteté que par ignorance du métier de banquier. Une situation dont il ne peut sortir qu'en fuyant en avant – davantage d'emprunts, davantage de prêts, davantage de risques ! Ou en s'enfuyant, tout simplement, après avoir ruiné ses clients... Alexandre a retenu les conseils de Me Mazaud, le notaire d'Ussel : en achetant l'étude de Bort, il s'est bien gardé de reprendre les dettes et les créances de son prédécesseur. Il se crée sa propre clientèle : il n'a confiance qu'en lui-même.

Il exerce dans une région, le Limousin, où beaucoup de notaires militent dans les partis de gauche et sont les garants de la tradition républicaine. Aussi entretiendra-t-il par la suite des relations très proches avec les élus radicaux-socialistes du département, et en particulier avec Henri Queuille, le député de la circonscription, le futur président du conseil de la IVe République, à qui il a eu l'occasion de rendre service et dont il peut se dire l'ami. Mais il exerce aussi aux frontières de l'Auvergne conservatrice et il se trouve bien d'une position centriste. Alexandre ne peut être qu'un homme d'ordre, un républicain hostile à tous les extrémismes, et aussi un patriote attaché à la grandeur de la France et à la stabilité du franc. Les gens qui viennent d'accomplir une semblable ascension sociale font naturellement confiance à la droite qui leur promet l'ordre et la sécurité. Il appartient donc à cette aile gauche d'une majorité de droite ou à cette aile droite d'une majorité de gauche qui constitue le parti radical et qui sera de tous les gouvernements de la IIIe République.

Le fils des paysans de La Ribeyre semble désormais faire partie du petit monde des notables locaux. Ils s'entraident, s'admirent, se haïssent, se jalousent, s'aiment, se méprisent tout à la fois. Ils se tiennent les uns les autres par les services qu'ils peuvent se rendre et, au moindre péril, se rassemblent autour des mâles dominants. Pourtant, malgré l'apparente réussite, l'intégration dans une famille respectable et dans un milieu social qui se félicite de sa probité, malgré la fidélité d'une clientèle conquise par sa rigueur et sa discrétion, Alexandre demeure un étranger. Il est une des articulations essentielles de la vie sociale, et cependant il est toujours aux marges de chacun des mondes qui la constituent. C'est un bâtard.

Pour le moment Alexandre et Marie vont s'épauler dans la réalisation d'un projet qui mobilise leur vie – bien qu'il ne soit pas le leur –, la réparation de leur malheur généalogique respectif. Ils sont faits l'un pour l'autre. Et même s'ils les aiment de tout l'amour dont ils sont capables, ils contraindront leurs enfants à vivre et à souffrir la passion de leurs parents, c'est-à-dire leur souffrance.

Le premier est un garçon, cela va de soi. Marie Joseph Camille voit le jour en 1894. Quatre personnes se penchent sur son berceau et commencent à coloniser sa vie. Pour le Dr Broquin, il sera le fils en qui il pourra mettre toute sa confiance, et c'est pourquoi il porte son prénom, Camille. Pour Aline, dernière descendante de cette famille Dolivier qui s'éteint avec elle, il sera le mâle qui recueille toute l'histoire familiale et qui devra la prolonger. Pour sa mère, il sera l'enfant par qui la rédemption s'opère et grâce à qui elle sera assurée de l'amour de ses propres parents. On perçoit enfin tout ce qu'Alexandre, son père, va investir sur lui. Ils voudront tous sa réussite... Mission impossible ! Mais n'anticipons pas.

Germaine naît moins de deux ans plus tard. Et, pour être fille, dans ce milieu, à cette époque, elle n'est pas chargée de moins lourdes chaînes. Le prochain épisode lui sera consacré.

Après des études dans diverses institutions religieuses de Bort-les-Orgues ou de Mauriac, ils iront dans les meilleurs collèges d'Auvergne. Germaine chez les ursulines de Saint-Alyre, à Clermont-Ferrand. Camille chez les maristes de Riom. On ne peut mieux faire. C'est là qu'en ces temps si douloureux pour elle – après les inventaires et la loi de séparation – l'Église forme avec acharnement les élites qui auront à cœur de restaurer son pouvoir. Il est vrai que la reconquête de l'Alsace et de la Lorraine et la défense du franc requièrent l'aide divine. Camille et Germaine – qui remportent l'un et l'autre à l'école tous les prix de français – dissertent sur des thèmes idoines : *la France, ma patrie.* Ou encore : *le saint et le héros.* Il s'agit de leur forger une âme chevaleresque, d'enraciner les idées de sacrifice et d'héroïsme qui seront indispensables dans la guerre contre l'Allemagne à laquelle aspire tout ce qui compte dans la nation. Un de ses professeurs l'écrit à Camille pendant les vacances scolaires : « Que Dieu fasse de vous dès maintenant un énergique ! »

De ces années, il n'y a presque rien à dire. Si Camille donne toute satisfaction, il n'en va pas tout à fait de même pour sa sœur dont l'attention et l'application sont plus fluctuantes. Mais nul ne doute que ces enfants soient le jour venu parfaitement accomplis, c'est-à-dire – selon cette si juste formule – qu'ils accomplissent parfaitement la volonté de leurs parents.

*

Vers 1890, le Dr Broquin avait acheté, non loin de Bort-les-Orgues, dans le Cantal, le domaine dit du Châtelet. Il comprenait un petit château – étroite et haute construction du XVe siècle, avec mâchicoulis et tour ronde, édifiée sur une butte dominant la vallée de la Sumène – et une ferme d'une douzaine d'hectares dont les revenus permettaient d'entretenir la demeure et qui fournissait quelques produits agricoles à ses propriétaires.

Après la Révolution, ce petit fief noble était devenu la propriété d'un magistrat, un certain de Ribier, devenu célèbre comme premier historien du département du Cantal et inventeur de nombreux sites archéologiques dans la région. Il avait fait du Châtelet à la fois sa demeure, son dépôt d'archives et un véritable musée. La propriété avait ensuite été vendue aux enchères par son gendre acculé à la ruine après qu'il eut fait subir au château d'importantes transformations. Si le Dr Broquin avait acheté le Châtelet, c'était surtout sur les instances de sa femme dont la famille avait été proche des de Ribier. Cette acquisition symbolisait superbement la promotion sociale pour l'un et le début d'une revanche sur les déboires familiaux du passé pour l'autre. Ils y venaient tous aussi souvent que possible à la belle saison, les Broquin comme les Vingtras.

*

Pour accéder au Châtelet, on prend un chemin qui part du bourg d'Ydes et qui monte en sinuant à flanc de colline. On suit une longue allée de sapins, on débouche sur un petit plateau, juste en contrebas du château, et on pénètre dans le jardin.

C'est le domaine d'Alexandre.

C'est un grand jardin potager dont les allées se coupent à angle droit et délimitent d'innombrables planches et carrés où sont cultivées toutes sortes de légumes. Des bordures de fraisiers, des alignements de groseilliers, de framboisiers et de cassis, des poiriers au tronc badigeonné de chaux balisent cette terre où les cultures se juxtaposent et se succèdent sans espace vide ni temps mort. Avec sa richesse et sa diversité, mais aussi avec sa rigidité, ce jardin est finalement une assez bonne représentation de l'âme d'Alexandre.

Ce jardin, c'est son œuvre. C'est là qu'il a recréé l'espace qui lui a toujours manqué. C'est le jardin de La Ribeyre où il a passé avec sa mère les plus heureux moments de son enfance et d'où il a été chassé. C'est le jardin de Paradis qu'il a si brutalement abandonné pour suivre ses parents en Algérie. C'est le jardin de la ferme, à Saint-Denis-du-Sig, qu'il n'a connu que dévasté par la sécheresse, l'année de la mort de Vital, ou couvert de boue, au lendemain de l'inondation. Devenu notaire, Alexandre consacre à ce lopin de terre l'essentiel de ses loisirs, comme s'il trouvait là, pour lui et pour ses ancêtres, un accomplissement véritable. Le long des murets qui soutiennent la terrasse du Châtelet, il a d'ailleurs planté des vignes. Et dans les « coustounes », les petites côtes qui entourent le château, il a planté une profusion d'arbres fruitiers – pruniers, mirabelliers, abricotiers, amandiers et cerisiers qui donnent des récoltes inouïes – comme sur les coteaux les plus fertiles de la vallée de l'Allier.

Un peu plus loin on découvre un ancien bâtiment de ferme, avec grange, remise et écurie. Plus loin encore, derrière un bois de sapins, le hangar où l'on entrepose le bois et près duquel se trouve une petite construction qui ressemble à une échauguette : les cabinets.

On quitte le jardin. On gravit un escalier de pierres. On débouche sur la terrasse, une vaste plate-forme ornée de parterres de fleurs, de rosiers, de bordures d'iris, de massifs de rhododendrons. Au centre, s'élève le château, une sorte de donjon massif et assez débonnaire. Sa hauteur même n'est nullement impressionnante : à peine celle du plus haut sapin. Les mâchicoulis et quelques étroites meurtrières lui donnent encore un petit air guerrier, mais les créneaux ont été arasés pour poser le toit et, à l'ouest, la façade a été littéralement trouée de fenêtres. Le précédent propriétaire a souhaité faire du Châtelet une vraie demeure bourgeoise et n'a pas hésité à dénaturer l'édifice. Ainsi l'escalier de pierre qui s'enroulait dans la tour a-t-il été remplacé par un confortable escalier de bois au centre du bâtiment.

Une façade donne sur le paysage austère des gorges de la Sumène. L'autre, plus avenante, est tournée vers le village. Le Châtelet a deux visages. C'est en somme une demeure Janus... Un parfait décor pour drames familiaux.

*

C'est une fin d'après-midi, un jour d'été, en 1910.

Au Châtelet, on reçoit. Le cercle des plus proches amis : une quinzaine de personnes. Les harmonies de la nature et celles de la vie sociale se confondent aimablement dans la douce lumière de juillet. À soixante-cinq ans, Aline Broquin est tout au plaisir de ces modestes mondanités. Elle évoque avec émotion les réceptions de son enfance et celles plus fabuleuses encore dont lui parlait autrefois sa grand-mère : les soirées données par les Dolivier, sous l'Ancien Régime, dans leur hôtel, à Salers. Rires. Froissements de robes et d'ombrelles. Conversations. Crissements des fauteuils d'osier. Les bonnes font le service avec une grande maladresse, et la plus jeune, Antoinette, s'attire les reproches acides de Marie. On échange des nouvelles : morts de cousins, d'oncles, d'amis ; naissances de neveux et de petites-nièces ; mariages ; maladies de gens connus et inconnus. Le débordement de la Seine, en janvier, est encore dans toutes les mémoires, et l'un des invités, qui habite Paris, livre sur l'inondation quantité de détails vécus. Camille et Germaine ont eu la permission d'inviter leurs plus proches amis, et ils ont présenté tout à l'heure une courte pièce de théâtre qui a remporté le plus vif succès. Avec quels yeux Alexandre regardait son fils ! Ces messieurs parlent de la question marocaine et d'un conflit prévisible avec l'Allemagne qui préoccupe en ce moment tous les esprits. Son expérience algérienne confère à Alexandre une autorité certaine en la matière, mais il n'en fait pas usage, et ses interlocuteurs lui savent gré de pouvoir exprimer, mieux que lui, des idées définitives. Il donne toujours aux autres, ses clients, ses amis, sa famille, l'image qu'il faut, celle qu'ils attendent. Il ne les heurte jamais de front, et tous peuvent croire qu'il épouse leur parti. Il y a gagné une réputation de sage. Ce serait un parfait cynique s'il n'était animé par une profonde foi chrétienne, si authentique et dépourvue d'ostentation qu'elle en impose à tous. Pour l'instant, il s'ennuie. Ses plantations l'attendent : ce sera bientôt l'heure des arrosages.

Le curé d'Ydes est venu quelques instants saluer cette aimable compagnie et s'assurer du concours de ces dames pour sa prochaine vente de charité.

La religion imprègne en effet l'existence de tout ce petit monde. Elle seule permet de supporter ce déferlement de malheurs, de maladies, de ruines et de morts, cette épouvante qu'est la vie. Aussi vivent-ils à la fois dans l'univers tangible du quotidien et dans l'univers transcendant du ciel : leurs organisations se superposent. Mais la religion, c'est d'abord la morale, le souci des apparences, le respect des valeurs qui fondent l'ordre social. Car, au-delà des faux-semblants, en dépit des fâcheries politiques et des cris d'orfraie que poussent rituellement le pape et ses évêques, l'Église catholique est plus que jamais au service du développement économique, de l'enrichissement individuel et du progrès des sciences. La condamnation du *Sillon* de Marc Sangnier qui vient de survenir, et à laquelle les membres de cette gentille assemblée souscrivent sans en comprendre l'enjeu, en donne la confirmation. L'Église prépare activement la mobilisation des esprits dans l'attente de la mobilisation générale et de la guerre.

Et pourtant ils ne pensent qu'à une chose. Tous. Et ils n'osent pas y penser de peur de perdre leur âme. Le sexe. Étreintes conjugales rapides dans la crainte, l'angoisse et la peur de faire du bruit. Aventures furtives. Masturbations rêveuses ou frénétiques, dans le silence et la honte. C'est l'immense non-dit de tout ce petit monde. C'est la partie la plus sombre de leur vie. Cachée, confessée, expiée, rachetée. Si étouffée, si interdite, qu'ils finissent même par ne plus en avoir conscience. Les prêtres sont là, à chaque carrefour, acharnés à faire régner l'ordre et le repentir. Piété, pitié, péché. Sans culpabilité, pas de soldats, pas de producteurs, pas d'épargnants... Et pas de notaires ! Ils ne parlent pas. Ils ne parlent jamais de ce qui est important dans la vie. On n'a pas le droit d'y penser. Les curés le répètent sans cesse. Pas de mauvaises paroles, pas de mauvaises pensées... Et même, le moins de pensée possible ! Dans le monde cependant, certaines choses commencent à se dire, et certains s'autorisent d'effroyables confessions qui n'ont même plus l'excuse du confessionnal.

Aline Broquin raconte une fois de plus l'histoire de son aïeul qui échappa de peu à la guillotine et elle évoque les interminables querelles qui agitèrent les différentes branches de la famille Dolivier, ou d'Olivier, à propos d'une particule revendiquée par les uns et rejetée par les autres. Mais on ne l'écoute plus. On se promène dans le sous-bois. On joue au croquet. On s'arrête dans l'ombre délicieuse des tilleuls. On regarde dans la vallée les méandres argentés de la rivière. Les fenaisons s'achèvent. On entend les bruits du village tout proche : le roulement d'une carriole, les sonnailles des vaches, des enfants qui crient, des gens qui se hèlent d'un pré à l'autre.

Et puis on perçoit une sorte de pulsation sourde qui semble provenir du sol même et qui ne s'arrête jamais. C'est le bruit du compresseur qui envoie de l'air au fond des mines de charbon de Champagnac situées à quelques kilomètres. C'est comme l'obsédant rappel d'une activité souterraine, à la fois lointaine et familière. La douceur du lieu et du temps masque la dureté du monde environnant : à la brutalité et à la pauvreté ordinaire des campagnes se superposent la violence et la misère du pays minier. Une grève très dure, quelques années auparavant, a beaucoup plus effrayé les paysans que les notables locaux dont le règne ne connaît pas d'ombre. Tout est en ordre.

Des revues traînent sur les chaises de jardin : *L'Illustration, L'Écho du merveilleux, Le Jardin des modes, La Revue des Deux-Mondes.* Et puis le journal des assomptionnistes, le porteur de la bonne pensée : *La Croix du Cantal.* Et aussi, symbole du progrès et ferment d'une industrieuse vie domestique, le catalogue de la *Manufacture des Armes et Cycles de Saint-Étienne.*

*

C'est le soir.

Ils sont maintenant seuls, tous les six, sur la terrasse. Il fait doux. La grande ombre du donjon s'élève derrière eux. On regarde le ciel et les premières étoiles. Le Dr Broquin parle des astres et de leur éloignement. Curieusement, sa voix d'ordinaire nette et bien timbrée est ce soir un peu voilée. Mais nul n'y fait attention.

Camille a seize ans. Il vient de passer avec mention très bien la première partie de son baccalauréat. Il s'apprête à faire un séjour de quelques semaines en Angleterre, près de Brighton.

Germaine vient d'avoir quatorze ans. Elle est encore toute aux émotions de cette journée et au plaisir d'avoir vu sa meilleure et plus ancienne amie, Andrée Mègemond, venir de Bort passer l'après-midi avec elle. Cependant ses proches s'inquiètent de sa santé. Elle est fatiguée ; elle a maigri ; elle ne mange pas. Elle n'a pas achevé son année scolaire à Saint-Alyre : elle a dû rentrer se reposer chez ses parents. Elle est allée la semaine dernière à Paris consulter un médecin célèbre, un ami de son grand-père. Il n'a rien dit de précis. On pense l'envoyer passer quelques semaines au Puy, chez sa grand-tante, la sœur Vincent, qui sait préparer de si bons plats et qui saura bien l'obliger à prendre du poids et des couleurs.

Marie et sa mère échangent quelques propos sur le comportement bizarre de la bonne, Antoinette. Alexandre regarde son jardin et le paysage familier qu'éclairent encore les reflets du couchant dans de très hauts nuages. L'harmonie de ces formes, l'étagement tranquille des prairies et des arbres lui donnent un fragile sentiment de plénitude. Il songe à abandonner bientôt son activité de notaire. Il a accompli la mission qui lui avait été fixée, il a remboursé toutes ses dettes. Mais une angoisse toujours ronge chaque instant.

Cette soirée du mois de juillet 1910, sur la terrasse du Châtelet, Germaine l'évoquera plus tard, aux heures sombres, dans les pages du « cahier noir ». « Sur la terrasse parfumée, nous sommes une famille heureuse dans la sérénité d'un beau soir... »

Comme ils s'aiment les uns les autres ! Et comme le mensonge leur va bien.

Derrière eux, la masse sombre du Châtelet.

Camille et Germaine se sont identifiés à cette bâtisse hautaine qui domine la vallée et les villages voisins. Leur enfance a été bercée par les histoires et les légendes qui s'attachent à cette demeure... C'est la construction du Châtelet, à la fin de la guerre de Cent Ans, sur les ruines d'une maison forte. Ce sont les bandes de routiers qui viennent d'Aquitaine et qui dévastent la région. C'est le plus célèbre d'entre eux, Aymerigot Marchès, qui sera fait prisonnier, jugé à Paris, décapité en place de Grève, et dont, au mépris de toute vraisemblance, on feint de croire qu'il a lui-même fait construire le Châtelet ! C'est le trésor qu'il a caché dans les gorges d'une rivière voisine. C'est la Révolution et les municipaux d'Ydes qui martèlent le blason au-dessus de la porte du château. Ce sont les fouilles entreprises par de Ribier et qui mettent au jour une lionne romaine, des vases, les vestiges gallo-romains d'un établissement de bains. C'est le Suc des Demoiselles où les sorcières viennent danser... Racontées par des personnes proches, qu'ils aiment, et qui leur transmettent leurs propres émotions, toutes ces histoires fabuleuses ou romantiques ont nourri l'imagination de ces enfants. Ce lieu, son passé, ses légendes font écho aux propres vibrations de leur âme, les amplifient, les dramatisent. Ils ont l'impression de vivre ici une aventure exceptionnelle et qui les sépare du reste du monde.

Un imaginaire trop riche a déferlé sur eux. Un tourbillon d'images, d'émotions et de sentiments dans lequel ils ont quelque difficulté à mettre de l'ordre. Car l'ordre de leur père, l'ordre d'Alexandre, est lui-même fragile et incertain. Comment contenir cette richesse qui leur fait déjà tourner la tête ? Ils sont encore plongés dans le passé, ses images, ses valeurs... et ils doivent accomplir le dessein de leurs parents dans un monde dont ils osent à peine pressentir qu'il sera différent. Ils ont tout l'avenir devant eux. Jamais vies n'auront été remplies d'autant de promesses. Ni si étroitement prisonnières du désir des autres sur elles. Ils peuvent déjà entrevoir les territoires magiques dont on leur a dit qu'ils seraient les souverains. Il leur suffirait d'aimer Dieu, la France et leurs parents... Mais bientôt ces terres d'abondance que leur famille faisait miroiter devant leurs yeux vont disparaître comme des mirages avant même qu'ils y aient abordé. Ils sont chargés de trop lourdes missions, les enfants d'Alexandre !

Derrière eux, la silhouette du donjon s'est faite menaçante.

Il y a là, dans l'ombre, tous les fantômes de la famille, les peurs et les images terribles qui les hantent. Pour Alexandre, le cadavre de son père et la dépouille pourrissante de Vital abandonnés dans le cimetière de Saint-Denis-du-Sig. Pour les Broquin, leurs enfants morts et leurs fils, Jacques et Maurice, exilés au loin, enfermés chez les prêtres et qu'ils se reprochent parfois de n'avoir pas assez aimés. Pour le docteur, c'est encore son frère Théophile qui agonise en ce moment même dans une chambre sordide, avenue de la Gare, à Bort-les-Orgues. Pour Aline, c'est toujours cette immense famille morte qu'elle aurait tant voulu faire revivre et dont les exigences ne cessent de la poursuivre. Ils ne peuvent pas faire en eux le silence. Ils entendent sans cesse les injonctions et les prières, les chantages et les supplications de tous ceux qui continuent à vivre en eux.

*

C'est la nuit.

Dans le donjon, derrière les murs épais et les lourds rideaux tendus dans l'embrasure des fenêtres, est enfermé comme dans une maison forte le véritable secret des Vingtras et des Broquin.

La colère.

Une colère énorme et terrifiante, et d'autant plus dévastatrice qu'elle est dissimulée, blottie dans la chair de la vie comme une monstrueuse larve attendant sa métamorphose. Une colère animale, née de tous les renoncements auxquels le petit d'homme a été contraint, de toutes les frustrations endurées dès avant sa naissance, de toutes les persécutions dont il a été l'objet, de tous les manques d'amour, de tendresse, d'attention et de reconnaissance dont il a été victime.

Colère monstrueuse d'Alexandre, et qui le dévore tout vif sans qu'il puisse jamais crier. Contre ce frère aîné qui prenait toute la place. Contre ce père qui ne le voyait jamais. Sa colère, elle est cachée, serrée, retenue au fond de son ventre. Et c'est du ventre qu'il mourra, Alexandre.

Impossible colère de Camille et de Germaine contre cette mère qui ne les a pas assez aimés. Contre ce père qui s'est fait trop vertueux. Qui s'est paré de toutes les plumes de la divinité : ses enfants ne pourront jamais le mettre en cause. Sa fille Germaine ne le verra jamais que comme un dieu éblouissant et elle en perdra la vie, aveuglée, obligée de retourner contre elle sa propre colère. Son fils Camille ne pourra jamais contester une autorité si juste et si terrible et il en perdra la raison, obligé de tourner contre les autres sa colère.

Colère dont les bonnes âmes pensent qu'elle se laisse réduire dans un peu de sublimation et avec beaucoup de renoncement ! C'est d'elle qu'ils ont peur. C'est elle qui fonde leur culpabilité. Ils sont terrorisés par la crainte de la voir éclore au plus profond d'eux-mêmes comme un dragon hideux, porteuse de toutes les vengeances, de toutes les tortures et de tous les massacres.

Car on ne peut imaginer que Germaine monte un soir au grenier du Châtelet pour prendre le fusil d'Alexandre. Qu'elle redescende au rez-de-chaussée, entre dans la salle à manger où la famille prend le repas du soir et qu'elle les abatte tous, ses parents et ses grands-parents, pour se venger des renoncements effroyables que doit vivre une petite fille avant de devenir une personne parfaitement conforme aux usages.

Car on ne peut encore imaginer que Camille se révolte un jour, jette l'uniforme de bon jeune homme d'avenir dont on l'a affublé et, secouant le bât qui le blesse, parte au galop à travers le nouveau monde pour se faire artiste-peintre.

Pas plus qu'on ne pouvait imaginer qu'après la mort de son père Alexandre abandonne sa mère et les très saintes dettes de la famille pour aller continuer normalement ses études à Alger ou à Clermont-Ferrand.

La colère, il y a des endroits pour ça. Les champs de bataille.

Et heureusement, il va bientôt y avoir la guerre, la Grande Guerre et ses carnages. Une guerre attendue, espérée, réclamée par les autorités civiles, religieuses et militaires, et pour laquelle on se mobilisera avec enthousiasme. Quelle sublime sublimation ! Enfin des chagrins, des désespoirs et des colères légitimes ! Enfin des haines recommandables ! Enfin des deuils qui permettent aux survivants d'affirmer leur identité ! Enfin des massacres qui liquident les inextricables conflits où pourrit la vie de famille. Enfin la guerre, pour faire œuvre de salubrité publique. Juste quatre ans à attendre.

*

C'est la nuit. C'est une nuit sans lune et sans étoiles. L'ombre même du donjon a disparu.

Le Dr Broquin ne dort pas. Il le soupçonnait depuis quelques semaines. Il en a reçu aujourd'hui la confirmation par une lettre de son ami médecin, celui que Germaine est allée consulter à Paris. Mais la journée a été si belle, la soirée si douce, tout le monde semblait si heureux qu'il n'a pas eu le courage d'en parler.

Il lui faudra l'annoncer demain à sa fille et à son gendre. Germaine est atteinte d'une tuberculose pulmonaire.

7

Où l'on fouille dans les malles, les coffres et les caisses, et où l'on entrevoit comment la petite Germaine a essayé de vivre avant de se soumettre

Voici Michel Vingtras au Châtelet, dans la grande chambre du premier étage, celle-là même où, il y a bien longtemps, se tenait Alexandre et où il a rédigé son testament. De la fenêtre d'occident, il regarde ce paysage qui n'a pas changé depuis des siècles, la vallée de la Sumène, les prairies et les bois qui s'étagent jusqu'à l'horizon, jusqu'à la butte conique où se dressait autrefois le château de Charlus. C'est une brumeuse journée d'automne, quelques jours avant la Toussaint. Il est assis dans le fauteuil du notaire, un lourd fauteuil au dossier arrondi, dont le cuir usé et déchiré laisse entrevoir le crin noir du rembourrage.

Ils ont vécu ici, le Dr Broquin et sa femme, Alexandre, Marie et leurs enfants, et il n'y a plus personne maintenant qui puisse parler d'eux. Michel regrette de ne pas avoir entrepris plus tôt ses recherches. Il aurait pu, pense-t-il, interroger des témoins, mieux comprendre l'histoire. Or, il ne le sait pas encore, mais la nature de sa quête fait qu'il disposera toujours de toutes les informations nécessaires et suffisantes. Le reste, il lui faudra le comprendre par lui-même ; c'est à l'intérieur de lui que le savoir existe. Il lui faut apprendre la patience. On ne reconstitue pas des vies en quelques jours ou quelques mois, surtout si ce sont des vies minuscules. Lentement, patiemment, il est entré dans la vie de ces personnages. Ils sont devenus des personnes. Il perçoit mieux ce qui les fait se mouvoir et de quel mal ils souffrent.

*

Dans une des malles rangées au grenier, il a trouvé une vingtaine de paquets soigneusement serrés avec de la ficelle rouge. Des liasses de lettres et de reçus qui retracent, année après année, l'activité de banquier d'Alexandre. Tout avait été gardé et rangé avec méticulosité : faute d'avoir trouvé place dans la vie d'Alexandre, Éros avait investi les chiffres et les comptes.

Récépissés, accusés de réception, correspondances. Le notaire n'est pas un alchimiste, il ne transforme rien, mais il inscrit les passions dans ses livres et il les fixe pour qu'elles demeurent toujours lisibles.

« Je tiens à votre disposition la somme de... – Ci-joint le solde de la créance du... – De Barges vous a-t-il versé les intérêts à échéance du... ? – Envoyez- moi les fonds dès que vous les avez... – Mémorandum de la Société d'escompte et de recouvrement d'Agen : affaire Chapoulard... – Je suis étonné que vous ne m'ayez pas envoyé les dividendes de mon fils et de ma fille échus depuis le 10 de ce mois. Il me les faut résolument. – Je sollicite un délai. Je n'ai pas les fonds nécessaires. – Je vous serai très obligé si vous vouliez être assez bon d'aller trouver ma mère et la décider à ce qu'elle me donne son consentement sans avoir besoin d'acte respectueux, ce qui m'ennuierait beaucoup. – Agréez, Monsieur, mes salutations empressées françaises... »

Un Selve de Sarran, Banque et recouvrement à Ussel, demande des renseignements sur une personne. Paie-t-il bien ? Moralité commerciale ? Quel crédit ? Fortune ? – Une bourgeoise de Mauriac se soucie de sa cuisinière, laquelle voudrait prêter de l'argent à un de ses cousins en qui personne n'a confiance. Que faire pour la dissuader ? – Le comte de Tournemire ne souhaite pas que l'on vienne à savoir qu'il a émis des billets...

Dans de gros registres verts, sur des feuilles de papier pelure, figurent les doubles de tout le courrier. Écriture d'Alexandre, fine, dense, oblique, presque couchée. Dans les dernières années, les mots sont écrasés, cassés, privés d'élan ; les lettres se heurtent et se déchirent comme pour traduire une souffrance.

Michel Vingtras s'est rendu à Bort-les-Orgues. Il a retrouvé, en haut de la rue de Paris, la demeure patricienne, avec sa petite colonnade autour du porche, où le Dr Broquin avait son cabinet ; on y effectue des travaux, et c'est un médecin justement qui vient de la racheter. Il est allé chez le notaire, place Marmontel, en bordure de la Dordogne, là même où Alexandre avait exercé. Une grande maison bourgeoise avec un jardin et une balustrade qui domine la place. Il est entré dans le cabinet où se trouve toujours la bibliothèque avec appui et écritoire qu'Alexandre apporta avec lui en s'installant à Bort et qui figure dans son contrat de mariage. Par la fenêtre, on voit des arbres, une fontaine et sa vasque, un jardin abandonné. Il a traversé la salle où l'immense bureau de chêne clair pouvait accueillir quatre clercs travaillant ensemble. Aux murs, des rayonnages où s'alignent les documents produits par l'étude : ventes, actes de notoriété, certificats de propriété, cessions de droits d'usufruit, obligations, partages, successions...

*

Un petit cahier recouvert de moleskine verte : le *Journal* de Germaine alors qu'elle est pensionnaire chez les ursulines, à Clermont-Ferrand. Elle a douze ans.

« 21 mai. Les récréations sont très amusantes et, jusqu'ici, nul n'avait attenté à ce temps délicieux. Et voilà qu'aujourd'hui, mon professeur, Mlle C..., s'est imaginé de me faire refaire une composition de calcul pendant toute la récréation de midi. Cette fois la mesure était comble, j'ai tant pleuré que j'ai les yeux tout brûlants et un mal de tête épouvantable.

« 22 mai. Tout à l'heure on est en classe. On fait de la musique à côté et, à travers les murs épais, il m'arrive en murmure un air que je connais bien : *Sourire d'avril.* Cela me fait penser à beaucoup de choses ; ce morceau a toujours produit sur moi une étrange impression, il évoque en moi une idée d'automne, de feuilles jaunies, de tristesse et de mélancolie, il me donne à la fois envie de pleurer et de sourire, c'est singulier.

« 27 mai. Mlle C... m'a parlé, au dortoir. Ou plutôt c'est moi qui ai engagé la conversation en lui demandant pardon d'avoir été impolie. Alors elle a été bien gentille, elle m'a dit beaucoup, beaucoup de choses. Elle m'a dit : "Je vois bien que vous êtes énervée : sans cela jamais vous n'auriez été si désagréable ; vous ne mangez pas assez. De là vient que vous êtes faible et que chez vous les nerfs dominent. Il faut manger davantage et écrire qu'on vous envoie du *pepsofer*." Je l'ai remerciée. Il va falloir que j'écrive à mes parents. Et c'est peut-être vrai... Je mange si peu que je finirai par mourir d'inanition. Je vois toutes mes veines à travers la peau de ma main. Je vais me mettre à manger comme un ogre. Heureuse si cela calme mes nerfs... Mais c'est bien ce malheureux calcul qui les excite le plus.

« 28 mai. J'ai reçu hier une lettre de Maman. Elle me gronde beaucoup à cause du calcul et de l'orthographe. Cela me fait de la peine. Que sera-ce lorsqu'elle aura reçu mon bulletin ! Je me le demande avec épouvante. »

Ces quelques lignes résumaient assez bien les états d'âme d'une petite fille trop sensible qui ne pouvait se résoudre à vivre loin des siens et qui commençait à protester comme elle le pouvait contre les forces de mort qui enserraient sa vie. Dans l'univers oppressant et totalitaire où elle vivait, son refus de nourriture était la seule forme de révolte possible. On voyait là les débuts d'une autopunition en forme de chantage. Hostilité manifeste contre toute personne chargée d'une fonction nourricière – contre l'enseignante et son enseignement et, surtout, contre Marie. Quelle mère avait-elle donc été cette femme si discrète, si dévouée et si parfaite – presque aussi parfaite qu'Alexandre – qu'il n'y avait jamais rien eu à lui reprocher ?

Suivaient l'affirmation réitérée de son amour pour son frère, son Camille chéri, et l'évocation d'un suicide qui avait fait alors en France beaucoup de bruit.

« Que je plains celles qui n'ont pas de frère et il me semble que si ce misérable garçon qui s'est suicidé au lycée de Clermont avait eu une gentille petite sœur, elle en serait morte de chagrin. Un élève de quatorze ans s'est suicidé à 3 heures, mardi, en pleine classe. On n'a pas idée d'une chose pareille !

C'est pour le coup que le professeur dont Camille parle pourrait dire avec raison : *Quo vadis,* pauvre France ? *Quo vadis !* C'est égal, il lui fallait bien du courage pour se suicider pour tenir un pari. Et dire que ces types qui se suicident n'auraient pas le courage d'aller se faire tuer sur un champ de bataille. »

On perçoit ici à la fois l'expression de sentiments vrais : ce qu'elle croit pouvoir penser par elle-même, et l'expression des idées reçues : ce qu'elle est obligée de penser. On devine encore les frémissements de sa sensibilité. Ils disparaîtront totalement des écrits ultérieurs. L'obligation de ne livrer que les idées et les sentiments acceptables par la famille, la religion et la société aura eu raison de son identité et de ses qualités propres. Ses parents et ses maîtres lui demandent de devenir une personne... à condition de ne jamais rien exprimer de personnel. Déjà, dans ce *Journal* intime, comme plus tard dans le « cahier noir », toutes ses phrases, toutes ses expressions disaient son souci de respecter en tout la bienséance et de ne jamais exprimer le moindre sentiment négatif. D'où une surenchère de qualificatifs positifs : tous ceux qui l'entouraient étaient aimables, amicaux, aimés, aimants. Et, surtout, ils étaient bons – d'une bonté quasi divine. Les mauvais sentiments n'existaient pas. Germaine devait donc réprimer et retourner contre elle-même les sentiments négatifs les plus naturels comme le dépit, la jalousie, l'irritation et la colère, qui constituent pourtant la part la plus légitime de l'être. Ils auront bien sûr leur revanche. Les maux surgissent lorsque les mots manquent. Germaine paiera pour tous les mensonges de la famille, pour les dévouements toujours admirables, pour la charité toujours chrétienne, pour l'honnêteté toujours scrupuleuse, pour toutes les vertus cardinales ou théologales... Mais elle saura aussi, tout de même, le jour venu, se venger et punir ses proches.

Une grande photographie de classe prise à Saint-Alyre. Les élèves étaient alignées au pied du célèbre calvaire qui s'élève au fond du parc. Elles étaient toutes en uniforme. Elles se ressemblaient toutes. Ce n'était qu'en regardant attentivement les détails – une collerette de dentelle ou des bottines – qu'on pouvait remarquer ces légères différences qui confirmaient aux yeux avertis des familles la place de chacune dans l'échelle sociale. Dans cette atmosphère victorienne où seules comptaient les apparences, des fêlures pourtant avaient dû apparaître. Les arts et les lettres auxquels on avait initié Germaine – en essayant, mais vainement, de la protéger des mauvaises pensées du siècle ! – révélaient l'existence d'idées, de sentiments, de comportements et de valeurs absolument contraires au bon usage... mais parfaitement conformes au mouvement de la vie. Des contradictions ainsi peu à peu se révélaient. Le décalage entre la vie possible et la vie réelle allait rendre la vie invivable.

Comme si elle avait eu quelque prescience du poids de sa famille dans son existence et perçu que là s'embusquait la véritable origine de son mal, Germaine avait commencé à relater dans le « cahier noir » ce qu'elle savait de l'histoire des Vingtras et de celle des Broquin.

*

Dans le grenier du Châtelet encore. Un coffre de bois recouvert d'une étoffe rousse. Il est rempli de photographies, en vrac ou collées sur des albums de papier fort. Michel passe des heures à scruter des visages. Il a même pris une loupe dans l'espoir de déceler... il ne sait trop quoi ! Car les visages n'expriment rien. Il a seulement découvert qu'Alexandre avait déjà les cheveux blancs à quarante-cinq ans.

Des photos de Germaine juste avant la guerre de 14, dans le jardin de la maison que les Vingtras avaient achetée, rue du Pré Mongeal, à Bort-les-Orgues. Elle est très belle. Ses lourds cheveux noirs débordent d'une toque grise. Son visage est grave. Elle a dix-huit ans. Elle tient en laisse un loulou de Poméranie. En arrière-plan, des massifs de fleurs, un oranger dans sa caisse, les colonnades d'une petite roseraie. La voici déguisée en geisha pour une représentation théâtrale : *La Belle Saïnara*. La voici dans un autre rôle encore : elle joue avec son frère une petite pièce de Courteline, *La Peur des coups*. Michel en a retrouvé le texte annoté de la main de Camille qui n'avait pas manqué de l'expurger des expressions trop crues. C'est ainsi que « Tu t'es fait peloter ! » est devenu « Tu t'es compromise ! ».

Il y a aussi les cartes postales. Une dizaine de gros albums avec des fleurs sur la couverture de carton entoilé. Les cartes y sont glissées dans des encoches et, pour lire le verso, il faut les extirper une à une... Michel consacre beaucoup de temps à déchiffrer des écritures hâtives, à identifier les auteurs, à deviner des dates sur les cachets de la poste. Écritures penchées, anguleuses, régulières, presque militaires, et qui se ressemblent toutes. Les auteurs anticipent rarement ce qu'ils vont écrire : la carte se révèle trop petite ; alors l'écriture se rétrécit et devient illisible. Dans les cas les plus désespérés, on écrit d'abord horizontalement, puis en travers, verticalement, dans le même espace, en sorte que les lignes et les mots se croisent ! Ainsi d'une carte adressée à Aline Broquin.

« Ma bien chère amie, je souhaite bien vivement que l'année nouvelle te soit meilleure que sa devancière (les Broquin ont perdu leur fils aîné, Jacques, qui était placé chez les Frères maristes de Cerbère). Je le demande au Bon Dieu de tout cœur. Plus on avance dans la vie et plus on constate que les peines y sont nombreuses et qu'il n'y a que les pensées de la foi pour les adoucir. Que je plains ceux qui n'ont pas cette consolation... Adieu, ma bien chère Aline, restons unies dans la prière et le souvenir. »

La vie n'est pas gaie... On a les consolations que la conscience mérite.

Voici maintenant des cartes qui font état d'un séjour de Germaine à la station thermale de Néris-les-Bains, puis à Sainjon, près de Royan. En décembre 1916, la voici confiée aux bons soins de la sœur Vincent à l'Institution de l'Enfant Jésus, au Puy. Elle mange, elle reprend du poids. Mais déjà en 1915, grâce à une carte adressée par Alexandre à son fils, à Paris, rue de l'Estrapade, Michel peut savoir que « Germaine se trouve bien d'un séjour à Saint-Jean-de-Luz et grossit à vue d'œil ! ». Voici, dans les années vingt, les premières cartes postales en couleurs. Des vues de Cannes, de Nice, de Menton adressées par Alexandre et sa femme au Dr Broquin demeuré au Châtelet. Pourquoi ce voyage ? Cherchent-ils des lieux de séjour pour leur fille ?

Ainsi, carte après carte, par recoupements, grâce aux adresses, aux allusions, aux dates, aux lieux, Michel parvient à reconstituer une chronologie approximative. Elle scande les progrès du mal de Germaine autour de qui la vie de la famille s'organise.

Des objets. Une gouttière pour le plâtre de la jambe. Une chaise roulante. Des feuilles de papier d'Arménie qu'on devait brûler dans la chambre de Germaine. Des dizaines de chapelets dans une boîte. Et une profusion de crucifix ! En bois peint, en ébène, en ivoire, en plâtre blanc, en plâtre doré sur fond de velours noir, en fer, en cuivre, en métal argenté. Certains étaient pourvus de sacré-cœur en étoffe rouge, d'autres de bénitiers à couvercle, la plupart avaient encore des branches de buis glissées derrière les reins du Crucifié. Ces symboles de supplice devaient se trouver partout dans la maison, dans toutes les pièces, sur tous les murs, sur chaque cheminée, au-dessus de chaque lit.

Deux ordonnances. L'une délivrée le 6 novembre 1923 au Sanatorium de la Malmaison, place Bergère, à Rueil. « Traitement opiacé, contre l'angoisse, potion calmante pour la nuit, médication phosphatée reconstituante mé-angée aux aliments, à cause du refus de la malade de prendre ces médicaments. » Une autre à la clinique du Dr Émile Girou, avenue Gambetta, à Aurillac, en mai 1925. « Judeol Viel, série de 12 injections intramusculaires par mois. Cachets de Tricalcine. Baume du Pérou 10 g, Eucalyptol 5 g, Teinture d'aloès 5 g, Vaseline 120 g pour pansement de la plaie. »

Des lettres. Du Grand Hôtel moderne, à Tulle, le jeudi 23 février 1929, Camille écrit à celle qui sera plus tard sa femme.

« C'est demain que l'opération de mon père a lieu et je t'écrirai demain soir, je l'espère, pour te dire que tout s'est bien passé. En peu de temps voici la deuxième fois que je vais de l'hôtel à la clinique dans une petite ville de province. Tu peux m'écrire ou me télégraphier Clinique du Dr Pikora à Tulle. »

Une autre lettre écrite sur une carte de deuil, le 15 juillet 1930.

« L'état de ma sœur est très mauvais et les trois médecins qui l'ont vue ce soir ne laissent aucun espoir. Malheureusement, ça peut être plus long que je ne croyais et extrêmement douloureux : on ne peut que souhaiter la fin de souffrances qui commencent déjà et iront s'accentuant jusqu'à la fin ! Nous sommes bien à plaindre et les larmes viennent aux yeux rien qu'à la voir. On ne peut donner aucun calmant. »

Fragments épars et qui permettent seuls de reconstituer ces vies. Comme des îles disséminées sur la mer et qui témoigneraient de l'existence d'un continent englouti.

8

Où la fille d'Alexandre tombe malade d'amour et où le père et la fille s'enferment dans leur donjon pour mourir ensemble

Il y avait eu les premiers signes auxquels personne n'avait pris garde. Son amaigrissement, son refus de manger, sa fatigue qu'on avait mis sur le compte de sa nervosité. Il y avait eu les premières inquiétudes.

Maintenant, on savait. Pourtant on n'employait jamais le mot. Seulement des périphrases qui disaient que Germaine était fatiguée ou anémiée, qu'elle avait besoin de bon air, qu'il fallait qu'elle reprenne des forces. En évitant le mot, on essayait de faire échec à la chose.

Maintenant, elle allait de consultation en consultation, à Aurillac, à Clermont-Ferrand, à Lyon, à Paris, à la recherche d'un diagnostic porteur d'espérance et d'un traitement efficace. On ne connaissait aucun remède sûr. Aussi fallait-il les essayer tous et croire en l'efficacité de chacun, car tels étaient encore les incertitudes et les désarrois devant la « peste blanche ».

Maintenant, on savait qu'elle n'achèverait pas ses études et, comme le lui écrivait une amie de pension, elle avait désormais la chance de ne plus faire de devoirs de calcul !

Maintenant, on savait qu'elle ne se marierait pas, qu'elle n'aurait pas d'enfants, et c'était une partie du rêve familial qui s'écroulait. On savait que la guérison serait très longue, que peut-être il n'y aurait jamais de guérison mais qu'on garderait quand même jusqu'à la fin l'espoir qu'elle guérisse.

*

Elle fit des séjours un peu partout en France dans des établissements spécialisés ou prétendus tels. On misait beaucoup sur le bon air, sur le repos, sur la nourriture – une nourriture saine, copieuse, fortifiante : de la viande crue finement hachée, du lait et des laitages en abondance.

Il y eut la guerre. Camille fut mobilisé. Il traversa la guerre sans encombre.

Il y eut l'armistice. Il poursuivit ses études à Paris, puis à Nancy, à l'école des Eaux et forêts. Le Dr Broquin avait pris sa retraite et vivait avec sa femme au Châtelet. Alexandre avait vendu son étude et fondé une société d'assurances mutuelles agricoles ; il était administrateur de diverses sociétés de la région. Marie s'était peu à peu transformée en mère dévouée et en garde-malade. Après une période d'incrédulité et de refus, la famille s'était soumise à cette maladie lente et obscure qui les faisait tous mourir à petit feu.

Une monstrueuse machine de mort, une machine infernale, s'était mise en place.

En 1919, les progrès du mal rendirent l'intervention chirurgicale inévitable. Ce serait une thoracoplastie, l'ablation de plusieurs côtes, de façon à entraîner un affaissement du poumon atteint, sa mise au repos et la cicatrisation. L'ouverture de la cage thoracique se faisait par le dos. C'était une opération grave, une véritable mutilation de la charpente osseuse.

Journal de Germaine, samedi 4 octobre 1919.

« ... Mon cœur battait d'angoisse mais j'étais si émue qu'il me semblait que c'était une autre que moi qu'on allait coucher là sur cette table. C'est pourtant moi qui y monte seule, qui m'y couche, tandis que mes pauvres parents me quittent en m'embrassant. On m'attache pieds et mains avec des courroies. J'ai très peur. Les larmes me coulent. Puis c'est cet affreux masque qu'on applique pour m'endormir à l'éther. J'étouffe... Mes yeux s'entrouvrent, se referment, et j'ai la vision encore confuse de la chambre blanche entrevue à notre arrivée à la clinique dont le seul ornement sur les murs ripolinés est un grand Christ. »

Presque aussitôt après, Germaine partit en convalescence à Saint-Jean-de-Luz avec ses parents. Ils avaient choisi le Pays basque qui connaissait alors un grand succès comme lieu de séjour pour les tuberculeux – Edmond Rostand était venu soigner son mal à Cambo. C'était aux personnes nerveuses, faibles, excitables que convenait, disait-on, le climat de cette région dont la qualité de l'air et l'humidité auraient recelé quelques vertus sédatives. Ils restèrent à Saint-Jean-de-Luz d'octobre 1919 à mai 1920. Alexandre avait loué un appartement au centre de la ville, rue Sopite. Promenades, excursions, visites, rencontres. Jours heureux. Camille venait souvent : il avait été nommé à Pau, son premier poste dans l'administration des Eaux et forêts. Alexandre fit un pèlerinage en Espagne, au « San Christo » de Renterria, la statue miraculeuse que les jeunes filles vont prier pour obtenir la santé, de l'argent et un bon mari. Il mit un gros cierge pour la santé de sa fille. À Pâques, Germaine fit les magasins, à Biarritz, à la recherche d'une robe de demoiselle d'honneur pour le mariage de sa meilleure et plus ancienne amie, Andrée Mègemond ; elle trouva un modèle en crêpe Georgette et satin Liberty, d'un joli ton de jaune léger avec, à la ceinture, une guirlande de roses.

Ils revinrent à Bort après un court pèlerinage à Lourdes. Il y eut alors une période de rémission et d'espoir. Une amie de pension pouvait envoyer à Germaine une carte postale : « J'espère que vous viendrez nous voir puisque maintenant vous êtes complètement guérie. »

Les craintes resurgirent très vite. De violentes douleurs à la cheville et au genou : c'était le début d'une tuberculose osseuse.

Germaine passa quelques mois à l'Institut hélio-marin de Berck. Exposition au soleil, allongement, immobilisation absolue de la jambe malade, ingestion massive d'huile de foie de morue. Elle faisait sur la plage des promenades dans une voiturette tirée par un petit âne. Elle respirait autant qu'elle le pouvait l'air iodé qui devait la guérir. Nouveaux séjours à Saint-Jean-de-Luz. Alexandre avait acheté une villa, du côté de la Pointe de Sainte-Barbe, route des Dunes, la villa Loréa – ce qui constituait d'ailleurs un bon placement : on pouvait la louer pendant les mois d'été. Bientôt, il songea pour Germaine à d'autres résidences dans des pays plus ensoleillés et il entreprit des recherches sur la Côte d'Azur et même au Maroc.

L'état de Germaine s'aggrava encore. Les articulations de la jambe étaient devenues énormes, les douleurs intolérables.

Elle ne pouvait plus marcher.

Soudain, en avril 1924, elle éprouva des élancements terribles dans les yeux. Le bacille attaquait la cornée, et l'œil, peu à peu, s'opacifiait. Elle ne supportait plus la lumière. Sa vue baissait. Elle souffrait atrocement.

Germaine était maintenant aveugle.

*

Un temps, il avait été question qu'elle séjournât dans un sanatorium. Elle avait refusé. Il semblait que toute séparation de quelque durée leur fût insupportable, à elle comme à ses parents. Et comme rien de ce qu'on savait des cures ne permettait d'espérer avec quelque certitude une amélioration, il fut décidé qu'elle resterait au Châtelet.

Ils s'enfermèrent avec elle, ses parents et ses grands-parents, dans cette grande bâtisse inconfortable que la moindre pluie rendait lugubre et la moindre bourrasque, hostile. Comme tous ceux qui ont des comptes à régler ensemble, ils ne voulaient pas se séparer. Ils s'installèrent dans la maladie et le malheur de Germaine, ils se serrèrent autour de la malade comme s'ils avaient eu peur qu'elle ne leur échappe. Ils disaient maintenant : « Notre malade, notre petite malade, notre chère malade... » pour bien signifier qu'elle leur appartenait. Ils firent corps autour d'elle, comme s'ils avaient inconsciemment compris que c'était bien d'une maladie de la famille qu'il s'agissait et que la tuberculose de Germaine n'en était que le symptôme. Le seul à être physiquement absent, Camille, demeurait néanmoins relié par mille fibres aux améliorations ou aux aggravations de l'état de Germaine qui faisaient comme un flux et un reflux permanents d'espoirs et de désespoirs.

Au Châtelet, c'était une vie assez sordide. Les Broquin n'avaient jamais prévu que cette demeure fût habitée en dehors des périodes de vacances. L'hiver, il faisait froid, et les feux allumés dans chaque pièce ne parvenaient pas à les réchauffer. Mais c'étaient les odeurs peut-être qui révélaient le mieux la présence de la maladie. Aux effluves et aux puanteurs ordinaires de chaque chambre s'ajoutaient celles qui venaient de la chambre de Germaine et qui emplissaient la demeure. On avait tenté d'installer un cabinet d'aisance dans le mur de l'escalier, entre deux étages ; mais le réduit était si étroit qu'on y étouffait, et la pestilence s'en répandait dans toute la maison. Il fallait brûler en permanence du papier d'Arménie, disposer des flacons d'odeurs, s'asperger de parfums.

Chaque matin, au réveil, ils s'interrogeaient les uns et les autres pour savoir comment la malade avait passé la nuit, si elle souffrait ou non, si les minuscules indices d'amélioration ou d'aggravation décelés au cours des jours précédents se confirmaient. On portait une attention permanente à tous les signes ; on surveillait la progression du mal, presque heure par heure, et cela finissait par constituer l'essence même de l'existence. Ils espéraient toujours une grâce, un non-lieu, la révision du procès... Leur malheur n'était plus qu'une énorme attente qui remplissait la vie. Il y avait des moments de rémission. Germaine évoquera dans le « cahier noir » les heures heureuses passées avec ses parents – et en particulier avec son père. On se souvient du goût d'Alexandre pour le théâtre quand il était au collège de Paradis, un goût qu'il avait communiqué à ses enfants, comme on l'a vu.

Le voici, le soir, dans la chambre de sa fille aveugle et immobilisée. Il joue pour elle tous les drames et toutes les comédies : *Le Misanthrope, L'Annonce faite à Marie, Chantecler...*

« ... Il y avait souvent théâtre dans ma chambre, et tu étais Alceste, et tu étais Cléante. Tous les Jourdain à toi seul : père, mère, fille, servante. Chacun avec sa voix, sa rondeur ou sa brusquerie, ses prétentions ou ses grâces. Mon mien Patou, comme tu imitais avec joie la grosse voix du Patou de Rostand, en roulant les r ! Et tous ces personnages déployaient leurs fantaisies ou leurs talents pour moi seule parfois, pour maman et moi le plus souvent, nous les deux tiennes. Oh que j'étais heureuse alors entre vous deux, ô mes parents ! Qu'il faisait bon alors être aveugle, immobile à demi. Qu'il faisait bon se sentir, non une vieille fille déjà, inutile et malade, mais comme une adolescente qui apprend en joie à vivre et à souffrir. Comme une petite fille faible et douce et si aimée. »

Mais, à travers ce texte qui vibre encore de toutes les douleurs et de tous les enthousiasmes, on voit surgir ici quelque chose de plus trouble et de plus troublant, et qui touche justement aux rôles qui se jouent ici, aux relations entre la malade et sa famille et, surtout, entre Germaine et son père.

*

« Mon pauvre Alexandre ! Je ne peux pas compter sur lui. » C'est ainsi que Marie, sa femme, parle désormais de son mari.

Le pauvre Alexandre s'est englouti dans la maladie de sa fille. C'est maintenant un homme fatigué et qui n'emprunte qu'aux contraintes extérieures et aux apparences – les mœurs de son milieu, les devoirs de sa fonction, la morale catholique – des raisons de se tenir droit. Un homme faible, et qui révèle sa faiblesse. Les souffrances de Germaine le tuent. Il n'en peut plus. Il ne tient plus debout. Alors il se couche lui aussi, comme elle, et il reste plusieurs jours dans sa chambre, sans bouger, en se plaignant de douleurs au ventre. Il y a bien évidemment chez cet homme un goût pour le malheur. Il y trouve son compte : sans doute peut-il ainsi exprimer la douleur et le désespoir qui sont en lui. Ses plaintes alors deviennent légitimes. Il est atteint dans son ossature, dans le principe même qui devrait le faire se tenir droit. Comme sa fille... À moins que ce ne soit elle, justement, qui se soit mise à lui ressembler ! Et qu'elle ait pris sur elle, en elle, la faiblesse de son père.

*

Au-dehors, cependant, on demande à Alexandre de vivre.

Il est alors président du conseil d'administration de la « Société des anciens établissements Mègemond », une chapellerie qui fabrique des cloches et des chapeaux feutre dans deux usines situées l'une à Bort-les-Orgues, l'autre à Aubervilliers. L'entreprise connaît quelques difficultés. Elle est en effet agitée par de violentes querelles de personnes entre le fondateur, Mègemond, son gendre et le directeur, Paul Bloc, lequel est un ami très proche d'Alexandre. Celui-ci est las de toutes ces mesquineries et il donne sa démission.

Paul Bloc écrit à Alexandre : « ... Je suis persuadé que votre démission ne sera pas acceptée parce que la situation dans laquelle vous vous trouvez, qui est terrible, ne saurait être que temporaire. En outre j'ai l'impression qu'il y aurait intérêt pour vous à sortir de temps en temps de l'atmosphère dans laquelle vous vivez. Vos charges exigent que vous vous mainteniez en aussi bonne santé que possible, et ce n'est certes pas en restant confiné au Châtelet au milieu de tant de tristesse que vous arriverez à mener une vie normale. Permettez à ma vieille amitié de vous le dire en me mêlant de ce qui ne me regarde pas. »

On ne saurait mieux évoquer l'enfermement en lequel se complaît Alexandre.

Le Dr Broquin meurt au Châtelet en février 1927 à l'âge de quatre-vingt-huit ans.

C'est à cette occasion que sa fille, Marie, envoie à son fils Camille – qui est maintenant inspecteur des Eaux et forêts à Pau – le télégramme qui a donné à ce livre son titre : « Grand-père décédé Stop Viens en uniforme », télégramme dont on reparlera dans le chapitre consacré à Camille.

Dans le « cahier noir », Germaine évoque cette mort. « On me porta près de son lit quelques jours avant qu'il meure. Je le fixai de mes yeux sans lumière... » Elle rappelle tout ce que son grand-père lui a montré et appris : le ciel, les plantes, les oiseaux. Elle évoque des souvenirs d'enfance, quand elle l'accompagnait dans ses tournées. Et puis, dans une page vibrante, elle l'interroge. Se pourrait-il que la souffrance qui est la sienne ait une signification ? Elle en a l'intuition. Sur le plan religieux bien sûr, mais dans son esprit celui-ci interfère tellement avec le plan de la vie ordinaire que la question prend une dimension tragiquement humaine.

« ... Mais demain, dans l'éternel jardin, à l'ombre de l'arbre de toute science, vous saurez sans doute pourquoi tous les biens que j'avais m'ont été repris : alors obtenez-moi l'intelligence de ma souffrance. »

*

La tuberculose. Elle ouvre dans les épaisseurs de la chair et des os ses galeries et ses cavernes. Elle dévaste et calcifie la vie. Lentement, insidieusement. On l'appelle « la mort lente ». Elle joue avec l'espoir. Jusqu'à la fin, elle laisse croire à la guérison. Ici, elle a d'abord atteint Germaine dans sa respiration, dans le souffle même de la vie. Puis elle l'a immobilisée, lui interdisant de faire un pas. Puis elle l'a aveuglée.

Ainsi réduite à l'impuissance, Germaine est redevenue un nourrisson totalement dépendant de la famille qui se presse autour de son lit comme autour d'un berceau. Mais elle exerce cependant sur cette famille un pouvoir exorbitant.

Et si c'était Germaine qui s'était essoufflée, paralysée, aveuglée elle-même ? La maladie pourrait-elle n'être qu'une des multiples formes du suicide ? La tuberculose de Germaine pourrait-elle être son ultime recours, un moyen de chantage désespéré pour obtenir l'essentiel ? Mourir pour être aimée. « Aimez-moi, ou je meurs. » Germaine se serait « fait une tuberculose » – à la façon dont on accepte maintenant de dire de quelqu'un qu'il « se fait un cancer ».

La malade montre à ses proches sa maladie. Regardez-moi ! leur dit-elle. Regardez-moi à l'endroit où je souffre, à l'endroit où vous m'avez tuée ! Ma respiration, mes yeux, mes jambes ! Et les proches regardent la malade. Alexandre, Marie, Camille, le Dr Broquin et sa femme. Pour la première fois ils sont obligés de réellement la voir. Et Germaine ne veut plus être seulement leur objet ni leur projet : elle détruit l'avenir et ruine les espoirs que l'on fondait sur elle. Sa respiration, ses yeux, sa jambe : le corps de Germaine est rongé par la mort.

Comment guérir une maladie qui arrange tellement la malade ? Plus ses parents s'occupent d'elle, plus elle vit. Et plus elle meurt. La tuberculose de Germaine, c'est leur maladie à tous. C'est la maladie de la famille. Ils ne peuvent pas davantage se séparer d'elle qu'elle ne peut se séparer d'eux. Ils se tiennent.

Cela durera vingt ans. Vingt ans pour punir une mère qui ne l'a pas assez aimée mais à qui elle ne peut pourtant rien reprocher. Car c'est bien après sa mère qu'elle en a. L'anorexie de Germaine, son dégoût pour les nourritures signalent assez cette opposition. Ses enfants, Marie les a aimés sans doute : elle s'est surtout occupée d'eux. Elle a réglé leur vie avec précision. Leurs vêtements, leur alimentation, leurs distractions, leurs bonnes manières. Rien ne lui a échappé. Elle les a aimés exactement comme elle avait été aimée elle-même par cette mère terrible et morbide, tout entière à sa famille et à Dieu attachée, Gabrielle Ursule Dolivier, épouse Broquin. Mais comme Alexandre, Marie est parfaite, irréprochable et intouchable. On ne peut absolument rien contre elle. Sauf mourir et l'entraîner avec soi dans la mort. Sauf se venger d'elle en l'asservissant, en la condamnant à prolonger indéfiniment les soins réservés à l'enfance, et en faisant d'elle pendant vingt ans une garde-malade, une fille de salle, une infirmière, une bonne, une nourrice... Cette vengeance vaut bien qu'on en meure, sans doute.

Mais il est encore, dans cette vengeance, de plus subtils raffinements.

Car cette opposition à la mère ne suffit pas à justifier totalement la maladie de Germaine : il ne s'agit pas seulement d'une lutte archaïque contre l'empire de la mauvaise mère. Une tragédie plus récente se superpose à l'ancienne. N'est-ce pas lors de l'adolescence que Germaine s'est saisie de la tuberculose ? De quoi la punit-elle sa mère ? De quoi a-t-elle à se venger ?

Tout simplement de ce qu'elle se trouve entre son père et elle !

L'histoire de Germaine n'est rien d'autre qu'une histoire d'amour. Celle d'un amour fou entre un père et sa fille. Et, comme toutes les histoires d'amour, celle-ci finira mal.

*

Elle l'aime. C'est un rêve d'amour infini qu'éveillent la vibration de sa voix et son regard. Elle voudrait ne respirer que pour lui. Ne pas faire un pas loin de lui. Ne voir que lui. À en être aveuglée. Elle voudrait qu'il la prenne dans ses bras et qu'il la regarde, lentement, longuement. Elle voudrait qu'il la serre avec tendresse contre lui.

Mais il ne l'a jamais vraiment regardée, Alexandre. Il ne regardait que son fils qui était un autre lui-même. Il était infirme, Alexandre. Sa crainte d'être emporté par le débordement du maternel l'empêchait de reconnaître le féminin en lui comme à l'extérieur de lui. Le féminin était pour lui un monde perdu dont demeurait seulement, très loin, bien en deçà de sa mémoire, le souvenir endeuillé. Germaine l'avait bien vu, elle, qu'il était toujours resté dans les jupes de sa mère et dans les robes des prêtres, qu'il n'aimait pas sa femme, et que sa femme, tout à son ambition, ne l'aimait pas et ne le comprenait pas.

Le féminin, seule une jeune fille blessée pouvait le lui faire découvrir. Elle, Germaine, elle serait la femme qui lui manquait, celle qui avait manqué aux Vingtras, à Antoine et à Vital. Elle sera la fille d'Alexandre et son épouse. Elle sera Marie, celle qui est morte de la tuberculose à La Ribeyre, longtemps auparavant. Elle sera Marie, morte de douleur. Elle sera la femme qui manque en son père, comme il sera l'homme qui manque en elle. Deux manques qui les rendent l'un à l'autre complémentaires et qui les font mourir d'amour, l'un et l'autre, misérablement, somptueusement, incestueusement, dans l'espoir d'aimer et d'être aimé et de trouver enfin la partie manquante de l'être. Pour être aimé de lui, il faut soigner la morte qui est à l'origine de son malheur. Il faut lui offrir une fille tuberculeuse qu'il puisse soigner pour se guérir lui-même. Elle se sacrifiera pour ce père divin. Elle sera aimée, et, en retour, elle le sauvera.

En obligeant son père à demeurer à ses côtés et à la soigner, Germaine l'oblige à soigner et à guérir celle dont la mort a causé indirectement sa souffrance. Et par là même elle l'oblige à s'intéresser à elle, à regarder en elle la femme, à la voir enfin, à se guérir lui-même, avant qu'il ne la guérisse à son tour.

La tuberculose de Germaine, c'est sa tentative de rompre l'emprise de la mère pour aller vers son père. Son plan va réussir au-delà de tout espoir. Même s'il conduit à la mort. Elle va forcer Alexandre à s'occuper d'elle, et en même temps, avec une ruse machiavélique, elle va se venger de sa rivale, sa mère. Naturellement elle en éprouve un surcroît de culpabilité. Le désir de mort sur le corps de sa mère... elle le retourne contre son propre corps.

Ainsi tout est en ordre. Tout est payé. Elle a son père pour elle toute seule. Et elle en meurt.

*

Voici Alexandre avec sa fille, dans la grande chambre, au second étage du Châtelet. Ils se serrent l'un contre l'autre, le père et la fille. Il a fait de Germaine sa maîtresse et de sa femme leur servante. Tout entre eux n'est plus qu'amour et confusion des sentiments. Ils meurent d'amour. C'est un suicide.

Sa folle passion pour son père, sa passion dévorante, Germaine la criera plus tard, après la mort d'Alexandre, avec des mots sans équivoque.

« Mon Père était une âme rare, si haute qu'elle sut toujours dominer avec nous et pour nous l'ennui de la vie quotidienne tour à tour mesquine ou douloureuse. Je suis pénétrée toute du sentiment de sa beauté et de sa grandeur... Cette chère âme était toute pétrie de douceur et de justice, de droiture et de bonté... Ainsi vivait cet admirable Père et dans son ombre protectrice, heureux nous vivions et nous souffrions dans l'allégresse. Mes mains, pour le revoir malgré mes yeux clos, elles se serraient sur son beau visage, sur son front d'intelligence, sur ses yeux au regard doux et compréhensif, sur ses lèvres souvent graves mais qui me souriaient parfois si doucement. Et mes mains s'accrochaient aussi à ses robustes épaules comme les naufragés à la planche de salut. Sur sa large poitrine, près d'un cœur si chaud, j'ai posé souvent ma tête dans l'impression de la sécurité et du repos, et je ne croyais pas que rien pût me chasser jamais du suprême abri de ma faiblesse. »

Il restera à voir comment elle a été elle-même victime de l'immaturité perverse d'Alexandre.

*

L'état de Germaine s'aggrave. Douleurs intolérables dans les jambes, cuisantes brûlures aux genoux et aux chevilles. En octobre 1928, la décision s'impose. Il faut l'amputer de la jambe droite : on craint la nécrose des chairs et la gangrène. Il s'en faut de peu qu'elle ne refuse. Un peu avant de partir pour la clinique, elle dicte alors ce texte où elle exprime son amour pour ses parents qu'elle englobe dans sa souffrance et dont elle fait même ses propres enfants.

« Je croyais, ayant dit : “J’accepte”, qu’il ne me restait qu’à déposer ma croix en cet asile même où mûrit ma douleur, à allonger sur elle mon corps meurtri, à croiser les mains et attendre... Car c’est très dur pour une recluse qui depuis cinq ans n’a pas quitté la place qui lui avait été assignée, si dur, Mon Dieu ! que si vous n’étiez pas mon compagnon de voyage, si ceux que vous m’avez donnés n’étaient toujours mes guides et mes soutiens, je dirais que je ne puis et je ne partirais point. Faut-il, Mon Dieu, qu’après m’avoir si bien soutenue pour la montée de mon calvaire, je lâche tout à coup leurs mains et que je les laisse désemparés, comme un peu orphelins sur la terre. Ô Dieu, s’il est possible, laissez-nous quelques jours encore souffrir et sourire ensemble. »

Elle part en ambulance pour la clinique d’Aurillac, celle-là même où, quelques années plus tôt, elle avait subi sa première opération. À 6 heures et demie du matin, elle communie. L’intervention a lieu à 10 heures. On l’emporte, on l’allonge sur la table, on lui attache les bras. Elle prie. Ses parents se réfugient à la chapelle. Alexandre pleure.

L’amputation se passe bien. Elle souffre beaucoup mais sans se plaindre. Puis un rhume et une fluxion douloureuse mettent son courage en déroute et une piqûre calmante la rend affreusement malade. Elle croit mourir. Elle retrouve les siens. Elle éprouve une grande douceur à toutes ces sympathies que lui apportent les télégrammes, les téléphones, les lettres et les cadeaux. Sa grand-mère vient la voir. Et aussi son frère. Retour au Châtelet. On l’entoure, on l’aime.

Or, Alexandre souffrait de plus en plus. Les symptômes : gonflements et douleurs abdominales, fatigues et fièvres intermittentes, faisaient songer à des crises d'appendicite. Le mal de ventre est une douleur très archaïque, un mal de petit enfant qui appelle au secours. Et sans doute Alexandre appelle-t-il lui aussi au secours. Symboliquement, c'est peut-être tout ce qu'il a retenu, caché, nié, tout ce qu'il a dû refouler pour se montrer parfait, qui finit par pourrir en lui.

Quelques mois après l'intervention subie par Germaine, il se décida à suivre les conseils de son ami, Paul Bloc, et à se faire opérer dans une clinique de Tulle que celui-ci lui avait recommandée. Le récit de cette opération et de ce qui s'ensuivit a été fait par Germaine ; elle l'a d'abord rédigé en braille, avant que sa mère ne le reporte dans le « cahier noir ».

Le 13 février 1929 – mercredi des Cendres – au matin, Alexandre alla dire au revoir à Germaine dans sa chambre. Il s'assit sur le rebord du lit et la serra contre lui. Il évoqua alors l'éventualité d'un changement de résidence pour l'hiver prochain, tout en lui donnant l'assurance qu'ils ne se sépareraient jamais : il serait toujours à côté d'elle comme en cet instant. Puis il couvrit sa figure de baisers et elle lui embrassa longuement les yeux. Alexandre quitta le Châtelet par la petite porte de la cuisine – la grande porte restait en effet rigoureusement close tout l'hiver. À cause du froid, Marie lui avait noué autour du cou le cache-col de laine marron qu'il prenait habituellement pour aller au jardin. Elle se jeta dans ses bras, disant : « Nous sommes amis ! » Il répondit : « Oh oui ! » et la serra très fort. Camille était venu de Paris et il portait la petite valise de son père. Il neigeait. Alexandre tomba deux fois sur la terre gelée.

Alexandre fut opéré le vendredi à 10 heures du matin. L'intervention se révéla plus importante que ne l'avaient laissé prévoir les médecins et la radiographie. Elle avait cependant parfaitement réussi. Camille envoya aussitôt au Châtelet un télégramme rassurant et il resta à Tulle jusqu'au dimanche soir. Il regagna alors Paris, rappelé par son travail, après avoir reçu l'assurance que tout allait aussi bien que possible, et qu'aucune complication ne pouvait plus se produire. « Je vous donnerai des nouvelles, mais vous les connaissez d'avance, dit le chirurgien. Tout ne peut qu'aller bien, à moins que la clinique ne s'écroule ! »

Les nouvelles qui parvinrent par la suite au Châtelet furent en effet tout à fait rassurantes. Cependant, la journée du jeudi 21 février se passa sans nouvelles et il n'y eut rien non plus le lendemain. On se rassura cependant, à cause de la lettre d'un ami qui avait vu quelques instants le malade. Le séjour d'Alexandre à la clinique se prolongeait sans que l'on en comprît bien les raisons et une certaine inquiétude commençait à naître dans l'esprit de Marie et de sa fille. Il fallut attendre le samedi suivant pour qu'arrive un télégramme d'Alexandre. « Vais bien. Un peu enrhumé. » Qu'était donc ce rhume qui valait la peine qu'on parlât de lui en un pareil moment ! Le dimanche matin, 24 février, anniversaire de la mort du Dr Broquin, Marie, pourtant très fatiguée, assista à la messe qui se disait pour lui à Ydes. Mais elle fit d'abord partir un message à l'adresse du chirurgien, le suppliant de donner des nouvelles détaillées.

Le mercredi 27, il y eut au Châtelet le réveil accoutumé. Sur son lit Germaine avait pris le banjo d'acajou, cadeau du précédent Jour de l'An, et elle pinçait maladroitement les cordes en cherchant de petits airs enfantins. Depuis une heure, Marie avait quitté la chambre et on n'entendait rien dans la grande maison. Soudain, ce fut le grincement de la porte ; la bonne entra sous un prétexte quelconque et lui enleva le banjo des mains. Un moment après, Marie entra à son tour. Elle entra comme elle le faisait vingt fois par jour, et il s'écoula environ une minute avant qu'elle ne dise d'une voix cassée : « Je suis très inquiète. »

*

La veille, Camille avait reçu à Paris un télégramme de la clinique lui demandant de venir d'urgence. Il prit le premier train et arriva à Tulle le mercredi à l'aube. Il se fit aussitôt conduire à la clinique. La personne qui le reçut ne lui dit rien mais elle le conduisit directement à une sorte de petit parloir situé au rez-de-chaussée. Elle en ouvrit la porte qui était fermée à clé et elle le fit entrer. Camille découvrit alors le corps de son père étendu sur un lit.

Alexandre était mort la veille au soir.

Camille rentra la nuit suivante au Châtelet, ramenant avec lui la dépouille de son père. Il faisait en cette fin de février un temps épouvantable. Une véritable tempête avec des bourrasques de neige et du verglas.

Il se passa encore deux nuits avant les obsèques. Deux nuits de veille dans la grande salle, au rez-de-chaussée du Châtelet.

Il importe peu de savoir concrètement de quoi est mort Alexandre et de quelle façon. On sait seulement que, lorsque le prêtre vint lui administrer l'extrême-onction, son premier mouvement fut de surprise : il ne se voyait pas mourir. Et pourtant, nul doute qu'il ne se fut laissé mourir. C'est de très loin en soi que vient la mort. Il est mort d'un grand chagrin d'amour. Au seuil d'une impossible union avec Germaine, avec la petite fille blessée, avec la partie féminine de son âme, celle qui essayait en lui de voir le jour.

Le prêtre vint chercher Alexandre le vendredi matin. Au petit groupe familial s'étaient joints des cousins venus de son pays natal, de La Ribeyre et de Saint-Ilpize. Les cloches sonnèrent longtemps. Sur la petite route qui conduit au cimetière, suivait un long cortège d'amis.

*

Voici Germaine dans la nuit de ce vendredi de la passion, abandonnée, blessée à mort, agonisante.

« Ô mon Papa, j'ai pleuré seule dans la chambre close où nous avions été ensemble heureux et malheureux. J'ai pleuré sous le crêpe sombre de mes yeux sans lumière. La main appuyée sur le fauteuil familier où si souvent je cherchais à saisir ta chère tête pour l'attirer jusqu'à moi. Ta joue était alors contre ma joue et mes doigts erraient sur tes cheveux et sur tes yeux ; c'était ma façon à moi de te voir, et mon amour pour toi n'était pas, je crois, comme celui des autres filles. Ô Lumière de mes yeux, Ô joie de ma vie, mon premier, mon grand amour, mon Papa, mon ami, mon fiancé, je te donnais tous ces noms dans mon cœur et maman le permettait et nous partagions tout et notre douleur peut être égale et chaque part en est encore trop lourde. Ô pourquoi le soleil s'en est-il allé de ma vie une seconde fois... Que Dieu nous aide ! Qu'il me pardonne si je t'ai trop aimé humainement. Quand nous nous retrouverons, nous saurons, je pense, comme on doit s'aimer et cela sera mieux encore puisque nous nous aimerons en Dieu seul. »

Ce chant de mort et d'amour, ce *Liebestod* semblable à celui qu'Isolde chante pour Tristan, cet hymne d'amour fou de la fille pour son père parvient presque à transformer la confusion en grâce et une folle espérance semble ici faire échec à la mort.

Cette mortelle liaison entre le père et la fille trouve son fondement chez Alexandre. Il en est responsable – pour autant que le mot ait ici un sens. Germaine était normalement amoureuse de son père, comme le sont toutes les filles. Mais elle n'est pas parvenue à se séparer de lui. Alexandre ne lui en a pas laissé la possibilité. Il avait besoin d'elle. C'est lui qui l'a tenue captive, qui l'a aveuglée, qui l'a paralysée, l'entraînant dans la confusion des sentiments et toujours plus avant dans la maladie. Il avait trouvé en cette infirme qui était sa fille la femme qui l'aimait et qu'il pouvait aimer sans avoir peur. Elle devait être le seul véritable amour de sa vie. Quant à Marie, elle n'était plus que l'épouse délaissée au profit de la fille – de la maîtresse ! Nous sommes amis ! avait-elle dit, le jour du départ d'Alexandre pour la clinique. Amis, sans doute. Il y avait longtemps qu'ils n'étaient plus mari et femme.

*

La santé de Germaine décline rapidement.

Carte postale de Vitaline, la cousine d'Alexandre qui habite Brioude. Elle est adressée à Marie, en décembre 1929, après un bref séjour qu'elle a effectué au Châtelet avec sa fille Suzy.

« Voila huit jours que je vous ai quittées, vous laissant bien dans la peine. J'espère que notre chère Germaine ne va pas plus mal et qu'elle arrive à s'habituer à son plâtre. Vraiment, c'est trop de souffrances pour elle sans arrêt. Comme c'est terrible pour elle et pour vous. Chère cousine, vous devez être bien fatiguée... »

Autre carte de la même, quelques semaines plus tard :

« Je prends bien part à tous vos malheurs. Suzy remercie Germaine d'avoir pensé à elle malgré toutes ses souffrances.

Elle est allée dimanche brûler un cierge à Saint-Julien pour atténuer les souffrances de notre chère martyre. »

Germaine lutte encore quelques mois contre les formes innommables qui la rongent.

Elle meurt à l'âge de trente-cinq ans, le 25 octobre 1930, jour anniversaire de la naissance de son père.

9

Où l'on découvre le rêve du fils dans le livre du père

Michel avait trouvé dans une des bibliothèques du Châtelet un ouvrage qui avait eu en son temps une certaine célébrité : *Souffrance, école de vie,* de Suzanne Fouché, un livre que Marie Vingtras avait acheté lors de sa parution, en 1933, après la mort de Germaine. L'auteur y montrait comment les multiples souffrances de la tuberculose pouvaient aider le malade à découvrir le chemin de la rédemption et à mourir comme le Christ sur la croix en attendant de rencontrer le Père des Cieux pour l'éternelle étreinte d'Amour. Un tel programme ne pouvait naturellement avoir été préfacé que par François Mauriac, lequel faisait une très académique, catholique et vibrante apologie de cette souffrance hors de laquelle il n'était alors pour l'Église pas de salut.

Germaine avait donc rejoint son père au ciel. Et on peut penser que leurs séjours respectifs au purgatoire avaient été d'autant plus brefs que leurs agonies avaient été douloureuses. Ces noces du père et de la fille, ces noces de souffrance tout illuminées par le sentiment religieux, elles étaient mystiques et spirituelles sans doute, et les témoins de leurs dernières années n'avaient pas manqué d'être frappés par la religiosité de l'un et de l'autre. Il n'empêche qu'elles étaient d'abord incestueuses et chargées de mort. Les rêves amoureux de la petite fille et de son père coïncidaient ici parfaitement avec les mythes chrétiens. Tant il est vrai que les représentations religieuses traduisent toujours la dynamique psychique la plus profonde.

*

La photographie avait été prise à l'usine Mègemond de Bort-les-Orgues, dans le bureau vitré d'un contremaître, peu de temps avant la mort d'Alexandre Vingtras. Derrière une table encombrée de paquets, un ouvrier avec un tablier de cuir et un homme en blouse grise. Au premier plan, à gauche, confortablement installé dans un fauteuil de rotin, un homme en bras de chemise et qui porte un canotier – Paul Bloc peut-être. À droite, debout et tête nue, Alexandre. Les cheveux blancs, une épaisse moustache, une longue barbiche taillée en pointe et qui le fait ressembler au *Kaiser* Guillaume II ! On devine les traits rudes d'un paysan auvergnat. Le regard est intense, sévère, austère. Le côté droit du visage est comme affaissé. Il en émane une impression de tristesse insondable et même de désespoir. On comprend qu'il se soit laissé mourir.

La réussite de son fils Camille – il venait d'être nommé inspecteur des Eaux et forêts et avait donc atteint le but qui lui avait été fixé – constituait certainement pour Alexandre un motif de satisfaction. Mais on comprend que cette réussite révélait en même temps toute son inanité. Il ne pouvait plus se projeter dans l'avenir de son fils. Il se retrouvait devant son propre malheur, l'impossibilité de réparer le désastre originel : celui de l'enfant que son père n'a jamais regardé. La réussite de Camille n'effaçait pas, n'effacerait jamais le désespoir de l'enfant. Il se retrouvait devant le vide de la vie. Il n'y avait plus rien à espérer. Il pouvait mourir. Il avait déjà légué à son fils l'impérative obligation de réparer son malheur.

*

Michel Vingtras avait découvert un autre document. C'était le grand livre d'Alexandre, le livre de comptes où figurait son testament, c'est-à-dire un inventaire de tous les biens meubles et immeubles qui constituaient la fortune des Vingtras. Alexandre les avait répartis entre sa femme et ses enfants avec l'extrême souci de ne désavantager personne, de tenir compte de l'ordre dans lequel les uns et les autres viendraient à disparaître et même d'anticiper les aléas financiers. Immeubles avec leurs titres de propriété, leurs assurances et leurs impositions. Avoirs à la banque et aux chèques postaux. Liste de toutes les valeurs avec leurs propriétaires ou usufruitiers : rentes, au porteur ou nominatives, à 4 % ou à 5 % ; obligations des Houillères du Nord et du Pas-de-Calais ou du Chemin de fer de Bône à Guelma, en Algérie ; actions françaises des Mines de Carmaux, de Félix Potin ou de la Banque de France ; obligations et actions étrangères telles que Tanganyka Concession ou encore les Chemins de fer de Moscou-Kiev-Voronej – ces fameux emprunts russes dont Alexandre n'avait pas encore fait le deuil.

C'était comme un portrait financier de famille, la récapitulation comptable de leur existence à tous ! C'était le livre du Jugement dernier. Cette comptabilité s'achevait par une sorte de table des matières qui renvoyait au contenu du coffre-fort où étaient rangés les papiers de famille.

Et puis on tournait la page et on découvrait alors un gros titre en lettres capitales : « Brocéliande ». Et, au-dessous, en petits caractères : « Roman ».

C'était Camille, c'était le fils qui avait pris le livre du père et, quelques années après sa mort, avait commencé à y écrire son livre à lui, son grand roman, comme s'il avait voulu mettre un terme à la litanie des chiffres et des comptes qui disaient la pesante histoire de la famille Vingtras. Et sur chacune de ces pages numérotées où figuraient les mentions « Doit » et « Avoir », à la place de la petite écriture appliquée d'Alexandre, surgissait une autre écriture, plus souple et plus déliée, mais qui lui ressemblait pourtant étrangement. « Dans la salle de travail de la Bibliothèque des Célestins, le miroitement de la Seine proche faisait onduler des reflets sur le stuc des plafonds... »

Le roman racontait les amours d'un journaliste qui s'appelait Jean et d'une jeune femme qui s'appelait Lucile et qui était peintre. Ils faisaient un voyage en Bretagne, au cœur de l'antique forêt de Brocéliande dont Jean avait entrepris de retracer l'histoire et de retrouver les mystères. Le texte, inachevé, donnait plus de place à l'érudition qu'aux sentiments ! Cependant Michel pouvait y percevoir d'une façon presque tangible comment son père avait nourri cette histoire de ses goûts et de ses connaissances et, surtout, y avait projeté ses aspirations et ses nostalgies. Il avait l'impression d'entrer là dans la vie intime de son père, d'approcher les fondements mêmes de sa personnalité.

Mais il y avait dans la lecture de cette ébauche de roman quelque chose de plus étrange encore. C'était comme une mise en abyme de sa propre recherche à lui, Michel Vingtras. Alors même qu'il était plongé dans l'exploration de son arbre généalogique et qu'il essayait de reconstituer l'histoire familiale afin d'en mettre au jour les énigmes, il découvrait son père écrivant une histoire qui était elle-même une recherche : l'histoire d'une forêt fabuleuse. Comme si l'inspecteur des Eaux et forêts Camille Vingtras avait déjà voulu chercher dans le passé de la forêt légendaire une vérité dissimulée et, à travers le récit des aventures de la fée Morgane et de l'enchanteur Merlin, la geste du roi Arthur et la Quête du Graal, la clé d'une énigme bien plus proche et fondamentale : celle de sa propre vie, de son rôle et de sa place dans l'arbre généalogique des Vingtras.

Par une vertigineuse mise en perspective, Michel devenait lui-même le héros du livre écrit par son père. Mieux encore : il écrivait lui-même, maintenant, ce livre. Et c'était ainsi sa propre histoire qu'il racontait.

*

Lorsque Camille avait été mobilisé, en 1916, son père lui avait offert un Verascope, un appareil photographique à deux objectifs qui prenait des vues en relief. Elles étaient tirées sur des plaques de verre et on les regardait par transparence dans une sorte de boîte munie de deux oculaires. C'étaient les ancêtres de nos diapositives ; elles donnaient des clichés de grande qualité. Camille s'en était servi pendant la guerre, puis lors de ses études à Nancy et pendant ses débuts dans l'administration des Eaux et forêts, à Luchon et à Pau... En fait, jusqu'à ce que Germaine devienne aveugle. On imagine la famille réunie le soir au Châtelet, l'appareil qui passe de main en main, les questions, les explications de Camille, les commentaires sans fin des uns et des autres.

Voici Camille au milieu d'un petit groupe de soldats qui portent le casque et la capote. Il est maigre, fluet, presque malingre, il disparaît dans une tenue trop grande pour lui. Il ne regarde pas l'objectif, lui non plus : il ne souhaite pas vraiment être là ! Le voici à Fontainebleau à l'école d'application de l'artillerie. Puis sur le front, près de Saint-Quentin, à côté d'un canon dont on pourrait croire qu'il vient de le détruire : de la fumée s'échappe de l'amas de tôles et de branchages qui constituait l'abri, et il pose assez fièrement, au premier plan, comme un chasseur devant son trophée... Mais non ! C'est un canon de sa propre batterie qui a été atteint ! Son régiment part ensuite pour l'Italie : photos des chevaux tirant des canons et des caissons de munitions dans la neige, au col du mont Genèvre. Camille sera bientôt cité à l'ordre du régiment pour son efficacité dans le réglage des tirs lors de l'attaque du mont Tomba. Voici un groupe de jeunes filles qui sourient devant la porte d'une auberge à Castiglione. Voici un groupe d'officiers et de jeunes femmes qui déjeunent devant la Maison carrée, à Nîmes... Ah ! Dieu ! Que la guerre est jolie ! Voici une jeune femme à l'épaisse chevelure brune devant la Fontaine de Médicis, au jardin du Luxembourg. Voici la même, nue, assise dans un fauteuil, devant une fenêtre.

Camille est maintenant à Nancy, à l'école des Eaux et forêts. Il porte un bel uniforme d'officier qui doit beaucoup plaire à sa mère et à sa grand-mère. Des vues prises dans des clairières, lors de visites de coupes ou de reboisements exemplaires. Camille est là, assis dans l'herbe. Il est généralement le seul à ne pas porter son képi et, toujours, il regarde ailleurs... Manifestement, il ne s'est engagé dans cette aventure qu'à son corps défendant.

Voici la quatre-vingt-quinzième promotion de l'école photographiée devant le monument aux morts qui rappelle les noms des officiers des Eaux et forêts tombés pour la France. Camille est assis au premier rang. Il porte un pince-nez. Il est le seul à ne pas avoir de moustaches. Il tient entre ses genoux un sabre dont il ne sait que faire. Cette fois encore, il regarde ailleurs. Il a le visage maigre. Il ressemble à Buster Keaton.

*

Michel a retrouvé quelques lettres adressées en 1934 par Marie Vingtras à son fils et à Christiane, sa femme. Camille s'est marié en effet trois ans auparavant – juste un an après la mort de Germaine. Ils habitent Paris. Marie vit seule au Châtelet.

Elle supplie Camille de donner plus souvent de ses nouvelles. Elle est tout occupée par la récolte des pommes et des noix, par les travaux d'entretien de la maison : elle ne peut songer à s'absenter tant que les ouvriers ne seront pas venus. Pratique, elle se soucie toujours des détails de la vie quotidienne. Elle demande à Christiane de lui rapporter une glace brisée dont elle saura tirer parti en la faisant réparer sans trop de frais à Clermont. Elle a fait refaire un matelas ; elle le leur expédie par le train. Elle se plaint de la négligence de Camille qui n'a toujours pas signé un papier pour le notaire. Elle rappelle qu'il faut payer l'impôt foncier pour la villa de Saint-Jean-de-Luz avant de faire une réclamation pour être remboursé, car la villa n'a pas été louée.

Paradoxalement, du passé proche – la vie de son père et de sa mère, leur rencontre, leur existence à Paris avant sa naissance –, Michel savait encore moins de choses que du passé lointain. C'était comme si leur histoire n'avait commencé qu'avec sa venue au monde. Ce qui, de son point de vue, n'était pas absolument faux.

Peu après la mort de son père, Michel avait commencé à poser des questions. Sa mère s'entendait admirablement à ne pas y répondre... tout en manifestant une désarmante bonne volonté ! Elle ne faisait qu'énoncer des banalités et des évidences qui décourageaient toute curiosité. À l'entendre, il n'y avait pas d'histoire ! Et il n'y avait donc rien à raconter. Elle avait seulement parlé d'une période de crise qu'avait traversée Camille peu après la naissance de son fils. De fatigues banales qui avaient nécessité qu'il consultât un médecin et qu'il passât quelques mois dans une maison de repos. De conflits ou de désaccords qui l'avaient opposé à son administration et l'avaient conduit à donner sa démission...

Michel Vingtras se souvenait d'avoir entendu son père parler de cette démission qui avait tout de même bouleversé la vie de la famille : « J'ai démissionné... – J'ai préféré garder ma conscience intacte, je suis parti... – Les raisons qui m'ont contraint à donner ma démission et à quitter l'administration... » Ces raisons importaient peu, alors, à Michel. Elles étaient nécessairement légitimes puisque son père l'affirmait. On sait que les enfants craignent toujours d'effleurer les blessures qu'ils pressentent chez leurs parents.

Et puis il avait un jour pris conscience d'un détail banal. Son père touchait chaque trimestre une pension de retraite – assez faible d'ailleurs puisqu'elle était proportionnelle à son temps de service aux Eaux et forêts. Or, s'il avait démissionné, comme il le disait, il n'y aurait pas eu droit. Il fallait donc qu'on lui eût accordé une retraite anticipée. Pourquoi ? En raison d'une maladie ? Rien ne l'avait jamais laissé soupçonner. À cause de troubles psychiques ? Michel se souvenait des humeurs changeantes de son père. De ses colères violentes. De sa façon de s'abstraire trop facilement des contraintes de l'existence ou, comme on dit, de n'avoir pas toujours les pieds sur terre... Mais à considérer tout cela avec du recul, il ne distinguait chez cet homme généreux, cultivé et sensible – ainsi le voyait-il – nuls désordres de l'esprit ou du comportement plus graves que ceux qui affectaient la plupart de ses contemporains.

Il y avait les papiers laissés par son père. Des correspondances, des notes, des articles, des récits de voyage et un fatras de documents divers, à partir de quoi il entreprit de reconstituer l'histoire de Camille Vingtras.

10

Où Camille Vingtras traverse la forêt de Brocéliande, se bat et se débat avec les sortilèges avant de jeter son uniforme aux orties

Lorsque Camille était adolescent, il lui arrivait de faire avec son père des excursions de plusieurs jours à travers les monts d'Auvergne. Leur mode de déplacement était assez particulier : ils ne disposaient en effet que d'une bicyclette pour deux. Ils partaient ensemble d'un même point, l'un à pied, l'autre à bicyclette. Le cycliste laissait son engin en un lieu déterminé à l'avance et poursuivait sa route à pied. Parvenu un peu plus tard à cet endroit, le marcheur enfourchait la bécane, rattrapait son compagnon, le dépassait et continuait sa route, avant d'abandonner à son tour la bicyclette à un autre endroit convenu... Et ainsi de suite ! Cette ingénieuse méthode permettait de gagner environ un tiers de temps par rapport à la simple marche à pied. Elle serait à recommander dans certaines thérapies familiales : se promener ensemble, mais en ne se rencontrant que pour de brefs dépassements !

C'est en tout cas une bonne illustration des relations qui unissaient le père et le fils.

On a vu ce qu'Alexandre avait fait de sa fille, Germaine. Il convient de voir maintenant ce qu'il a fait de son fils. Et, pour cela, de revenir un peu en arrière, à l'époque où Alexandre était encore notaire à Bort-les-Orgues et où Germaine était encore une jeune fille promise à un heureux destin.

*

Pendant trente ans, Camille Vingtras a réalisé à la perfection les figures imposées et il a accompli le parcours exemplaire d'un jeune bourgeois destiné à vivre ou à mourir en conquérant dans le siècle. Rien ne lui a été refusé. Il a disposé de toutes les facilités. On a effacé devant lui tous les obstacles. Il a appris le violon, le dessin, la peinture, la photographie, le tennis... Il a passé deux bacs : philosophie d'abord, mathématiques, l'année suivante. L'un pour lui. L'autre... pour son père ! Car Alexandre a depuis longtemps réfléchi au destin de son fils. Et lorsque le brillant élève des maristes, le bon jeune homme de bonne famille, quitte sa petite ville encastrée dans les basaltes au bord de la Dordogne pour continuer à Paris ses études, c'est une immense famille de vivants et de morts qui l'accompagne à la gare : il est chargé de tous leurs espoirs. Sa famille l'a élevé pour qu'il prenne un jour le pouvoir et pour qu'elle puisse disposer elle-même de ce pouvoir.

Il s'inscrit à la faculté de droit. Mais il prépare surtout son entrée à l'Institut national agronomique : il vise l'école nationale des Eaux et forêts, à Nancy. Non seulement Alexandre entend faire de Camille un ingénieur agronome, à l'instar de ce marquis de Ruolz qui était maire de Saint-Privat-du-

Dragon, mais il l'aiguille vers le corps prestigieux des Eaux et forêts qui est alors la plus élitiste des administrations. Et l'on comprend de quelle mission le fils des paysans de La Ribeyre charge en même temps son fils ! C'est vers l'aménagement et la mise en valeur des richesses infinies des eaux et des forêts qu'Alexandre dirige Camille. Somptueux calcul. Il va guérir la vieille blessure des Vingtras. Retrouver et soigner le grand corps de cette terre mère qui leur a fait si cruellement défaut. Les prairies de La Ribeyre et les vignes de la vallée de l'Allier, la plaine dévastée de Saint-Denis-du-Sig, les activités du notaire sur les terres des autres, le jardin du Châtelet... et maintenant les Eaux et forêts.

Pourquoi pas ? a pensé Camille qui n'ose pas s'opposer à l'affectueuse et implacable volonté paternelle ; il ne peut d'ailleurs y avoir en lui d'autre désir ni d'autre volonté. Mais il n'a aucun goût ni aucune disposition pour devenir officier des Eaux et forêts. Il appartiendra bien par la suite à cette administration, mais il y sera toujours un peu à son insu – et on saisit pourquoi, sur les photographies, il ne regarde pas l'objectif. C'est qu'il est ailleurs, dans les territoires qui l'intéressent : la littérature, la peinture, la musique, l'histoire même... tout ce pour quoi il se passionnera dans la seconde partie de sa vie.

On comprend aussi d'où lui est venu ce goût pour les lettres et les arts. C'est la secrète nostalgie d'Alexandre, la nostalgie de tout ce qu'il avait commencé à apprendre avec tant de bonheur au collège de Paradis et au lycée d'Alger. Camille le sait, à la façon dont les fils comprennent les plus profonds désirs du père. C'est le vrai et profond désir d'Alexandre que Camille voudrait réaliser. Mais ce désir-là, il est absolument opposé à l'autre ! En sorte que Camille est placé dans une infernale contradiction.

Les enfants accomplissent le projet secret de leurs parents. Mais les parents naturellement ne le comprennent pas et ils en veulent à leurs enfants de réaliser des rêves qui sont les leurs mais qu'ils ne peuvent reconnaître. Et en cela réside la force des enfants, mais aussi leur malheur : ils sont punis pour avoir obéi à leurs parents.

Marcher à travers les forêts, s'enivrer de leurs senteurs, se baigner dans l'infini poème de leurs formes, les peindre, les décrire, les expliquer, raconter leur histoire, Camille y aspire de tout son être. Mais il ne veut ni commander, ni administrer, ni inspecter, ni rédiger des rapports qui l'ennuient à mourir – et que, d'ailleurs, il ne rédigera pas.

Il a obéi aux ordres. Il a revêtu l'uniforme. On ne s'étonnera pas qu'il ait eu quelque mal à le porter.

*

C'est un homme physiquement frêle et fragile. Sa mère ne l'a pas porté ni nourri avec beaucoup d'amour. Son inscription dans la réalité est faible, et toute frustration éveille en lui une angoisse et une colère qu'il a du mal à contenir. Il a été soumis à l'exigence morale tyrannique et terrorisante de son père. Elle lui a imposé et lui impose encore des exigences de réussite et d'accomplissement très supérieures à ce que sa résistance psychique autorise. Car le pire qui puisse arriver à un homme, c'est d'avoir un père parfait, c'est-à-dire un père intouchable. On ne peut affronter un Dieu tout-puissant qui ne peut ni se tromper ni vous tromper. Camille ne pourra jamais en vouloir à son père, il ne pourra jamais rien lui reprocher, ni se rebeller, ni se séparer de lui ou en faire ce qu'on appelle le deuil : accepter son imperfection.

C'est un homme à la curiosité et l'intelligence duquel tous les possibles sont offerts. Ils lui donnent l'occasion de délicieuses dilatations du moi ! Mais qu'une contrariété surgisse, et le voilà emporté par la colère ou, quand elle ne peut s'exprimer – soit qu'il ne puisse lui trouver un prétexte plausible, soit qu'il craigne de la laisser voir –, plongé dans l'abattement. Il s'immobilise alors. Il se couche – comme son père. Il fait le mort et, sans qu'on puisse rien lui reprocher, met ainsi en échec la volonté des autres sur lui. Lorsque les contradictions deviendront insoutenables et les contraintes trop lourdes, il aura recours à une autre forme de défense : il se réfugiera dans un univers fantasmatique, irréel, où les pénibles exigences de la réalité s'évanouiront, où il retrouvera tout son pouvoir et où il pourra même se venger de toutes les humiliations subies dans son enfance.

*

Mobilisation générale de 1914. Camille est ajourné par deux conseils de révision successifs pour insuffisance de poids. Poussé par les siens pour qui cet ajournement constitue une insulte, il prend un engagement pour la durée de la guerre et il est incorporé en août 1916. Après l'école d'application de l'artillerie à Fontainebleau, il est affecté, en juillet 1917, à un régiment d'artillerie de campagne, dans l'Aisne, non loin du Chemin des Dames.

C'est là qu'en raison de ses connaissances en droit il va être un jour chargé d'assurer la défense de soldats qui passent en conseil de guerre pour refus d'obéissance devant l'ennemi. Le tribunal siège de nuit dans un hangar d'aviation, et l'aspirant Camille Vingtras qui a vingt-trois ans commence à plaider. L'impressionnant appareil militaire, le décor lugubre, les peines de mort requises rendent la situation dramatique, et Camille est pris d'un violent saignement de nez. Son dossier, la table de bois sur laquelle il s'appuie, son uniforme même sont couverts de sang. Il refuse cependant l'offre d'une suspension de séance. Il plaide. Mais les jeux sont faits. Les soldats seront fusillés au matin.

Cet épisode marquera profondément Camille : c'est la première véritable expérience de sa vie d'adulte. Lui à qui l'idée même de mutinerie est intolérable, lui, le fils d'Alexandre, le fils du notaire, l'homme de l'ordre et de la Loi, il a vu apparaître près de lui, en lui, la possibilité de la transgression pour une cause juste, et il a défendu de tout son cœur ce qui ordinairement lui semblait indéfendable. Il s'en souviendra. Un jour, il se sentira lui aussi obligé de se mutiner, c'est-à-dire d'abandonner son poste.

Démobilisé, il reprend ses études à l'Institut national agronomique et découvre le Paris d'après-guerre. Il est curieux de toutes les littératures, de tous les arts, de toutes les esthétiques, de tous les mouvements de pensée. Ce garçon sensible est perméable à toutes les influences, il vibre de toutes les émotions qui parcourent le monde. À la pension de famille de la rue des Feuillantines, il y a un Roumain, des Anglais, une Russe à l'abondante chevelure noire qui arrive d'Odessa et qui en sait bien plus que lui sur la vie. Elle initie le petit provincial frais émoulu de la guerre à l'efflorescence des idées et des arts qui marque le début des années folles. Elle devient sa maîtresse, et il semble à Camille qu'il a lui-même émigré dans un autre monde.

Mais il lui est en même temps impossible de rompre avec les valeurs de son milieu ni de rien abandonner de ses références. Et en cela réside le paradoxe de sa vie. Là est sa faille. Son intelligence, sa sensibilité, sa culture lui feront longtemps croire qu'il peut jouer double jeu, mener plusieurs vies en même temps. À tort. S'il a parfaitement conscience de sa valeur intellectuelle, il est absolument inconscient de la faiblesse de son caractère.

*

À sa sortie de l'école des Eaux et forêts, Camille a été nommé dans les Pyrénées, à Luchon, d'où il peut rejoindre fréquemment ses parents et Germaine lors de leurs séjours à Saint-Jean-de-Luz. Il y reste deux ans. Puis, pour les besoins du service – mais contre sa volonté ! –, on l'envoie à Lyon et, de là, à Grenoble... Ce qui ne lui convient absolument pas. Il le fait aussitôt comprendre et s'octroie deux mois de congé pour maladie ! Son père alerte le ministre, son ami et obligé, Henri Queuille, le député maire de Neuvic. La demande suit son cours et le chef de cabinet rédige la note classique : « L'attention du ministre a été appelée sur Monsieur Camille Vingtras, Inspecteur adjoint à Lyon, gravement malade et actuellement en congé de maladie, qui désirerait être nommé à Pau au Service des Aménagements-reboisements. »

Le ministre de l'Agriculture écrit à Alexandre, le 14 juillet 1924 : « Je suis heureux de vous annoncer que je viens de nommer votre fils à Pau. Sentiments bien dévoués. Henri Queuille. »

Pau est une ville délicieuse et qui connaît alors une saison mondaine très appréciée. Camille y restera quatre ans. Il y a loué un petit appartement.

Il passe des journées entières à parcourir les forêts et à regarder les arbres qu'on marque pour de prochaines coupes. Cette forêt maternelle, étendue comme une eau noire, il l'aime. Il peut s'y perdre. Il connaît sa capacité d'envoûtement. Odeurs, lumières, silences grouillant de bruits minuscules. Il parlera plus tard de l'ivresse tranquille, de la torpeur, de l'oppression même que la forêt peut engendrer chez ceux qui l'abordent sans précaution et qui, ne pouvant supporter l'étrange solitude des bois, risquent d'être écrasés par la puissance de la vie végétale et de se dissoudre en elle. Dans ses promenades, il lui arrive de s'allonger dans la mousse, sous les arbres et il sent sur lui l'immense frôlement de la forêt. Il la connaît. Il la comprend. Il s'est identifié à elle. Il veut la défendre contre ceux qui l'exploitent abusivement. Il la voit comme une mère nourricière. Il peut parler pendant des heures avec lyrisme de cette forêt médiévale, de cette archaïque forêt de Brocéliande dont il a comme une nostalgie, de cette forêt labyrinthique où il ne cesse de chercher son chemin et dont il est à la fois le fils et l'amant : il en jouit et il la révèle à elle-même.

Mais bientôt Camille va se heurter aux vrais maîtres de la forêt ! Il va entrer en concurrence avec ce père qu'il n'a jamais véritablement affronté.

*

Première alerte. En 1926 et en 1927, il connaît de « pénibles crises de dépression morale et physique ». Dans des lettres adressées à sa famille, il parle lui-même de sa fatigue, de son aboulie, de son désintérêt pour toute activité. Le voici allongé sur son divan et comme retiré du monde, fumant et lisant, abandonné à une rêverie vague.

Il ne se déplace jamais sans envoyer des cartes postales au Châtelet ou, plus rarement, des lettres griffonnées à la hâte au cours de tournées d'inspection ; l'écriture en est parfois illisible à force d'aplatissement. Les souffrances de sa sœur lui sont toujours présentes. C'est une écharde enfoncée dans la douceur de vivre. Il lui écrit de la terrasse du café Continental à Pau. Il voudrait l'aider. Il espère avoir plus tard de longues vacances : « J'obtiendrai un poste qui nous conviendra également à tous les deux. Je pense beaucoup à toi et à tes souffrances. » Mais il n'ose pas lui raconter la vie mondaine et brillante d'un jeune officier qui ne manque ni de séduction ni d'argent : il craint de lui faire de la peine. Alors il se plaint de lui-même. Il a honte de sa stagnation intellectuelle. Il veut rédiger sa thèse de doctorat en droit. Il veut écrire. « C'est te dire que la composition de mon roman reste ma grande préoccupation et que tout y concourt. Je suis d'ailleurs parfaitement heureux quoique trop détaché des choses réelles pour ne pas me trouver dans l'obligation absolue de créer. »

Au Châtelet, on s'inquiète de tels propos. On trouve Camille un peu exalté. On lui demande d'aller à Saint-Jean-de-Luz pour s'occuper de la location de la villa. On lui demande de signer un pouvoir pour le conseil d'administration des Établissements Mègemond... Bref, on lui demande de faire ce qu'on attend de lui !

Puis les phases de neurasthénie s'estompent. Il leur trouve même une explication rassurante. « J'avais trop longtemps attribué ma dépression et mon manque de volonté à des causes morales alors qu'ils témoignaient plutôt d'un mauvais état de santé. »

Février 1927. Mort du Dr Broquin. Camille reçoit le fameux télégramme envoyé par sa mère.

GRAND-PÈRE DÉCÉDÉ STOP VIENS EN UNIFORME.

Cette injonction qui résume tout le vouloir familial qui pèse sur lui le met naturellement hors de lui. Mais que peut-il faire ? Venir sans uniforme ? Cela causerait trop de peine à ceux qui souffrent au Châtelet. Il viendra en uniforme. Seulement il fera comme s'il ne le portait pas... Il le portera mal, négligemment, sans se mettre en valeur. Au grand désespoir de sa mère. Il fera comme s'il n'était pas là ! Et il regardera ailleurs.

La petite église romane est trop petite pour contenir la foule des amis du Dr Broquin. Au premier rang, on a placé le prie-Dieu dont le dossier porte une plaque de cuivre où est gravé son nom.

Il y a là son fils Maurice, celui qui est toujours en pension chez un curé de Corrèze, à Queyssac-les-Vignes. Il ressemble presque trait pour trait au vampire Nosferatu dans le film de Murnau. Il a voulu lui aussi chanter la messe des morts avec les trois choristes de la paroisse. Mais comme il est sourd et qu'il chante effroyablement faux, ses beuglements déferlent dans l'église. On le laisse chanter. Comment faire autrement ? Cependant, dans l'assistance, les esprits les plus fragiles commencent à s'émouvoir. Camille est furieux, et Alexandre doit le retenir. La cérémonie déraille, et le curé intervient enfin pour faire taire le fils devant le cercueil de son père.

Puis c'est le long cortège vers le cimetière. Camille marche à côté de sa mère. N'étaient la couleur de l'uniforme – le vert sombre des forestiers – et les galons d'argent, on pourrait le prendre pour un officier de l'armée française. Marie a un coup d'œil sur sa cravate dont le nœud est défait. Elle le lui signale d'un geste : « Ta cravate ! » D'un brusque hochement de tête, il lui signifie qu'il est bien au-delà de ces contingences. Il ne lui donnera pas cette dérisoire satisfaction. Il est venu en uniforme : c'est déjà bien assez !

*

C'est à peu près à cette époque que Camille rencontre Christiane. Elle a vingt-huit ans. Elle est jolie, séduisante, gaie, vivante. Elle est venue à Pau avec une amie qui travaille dans la mode, dit-elle, pour présenter des toilettes. Il ne sait presque rien d'elle et ne s'en inquiète guère. En fait, elle travaille de façon assez incertaine dans des ateliers de couture, à Paris. Elle n'aspire qu'à sortir de la précarité dans laquelle elle vit, et c'est peut-être la raison de sa présence à Pau, au plus fort de la saison. Elle est d'origine très modeste : son père était ouvrier typographe. Sa mère, ouvrière dans le textile.

Camille est séduit. Christiane revient à plusieurs reprises à Pau, et il est fier de se montrer en compagnie de cette femme si belle et si charmante qui n'est pas encore sa maîtresse et qui attendra encore assez longtemps avant de devenir sa femme.

Ils font un voyage dans les Pyrénées. Naïvement, Camille veut lui faire découvrir tout ce qu'il aime : les sommets enneigés, les forêts sauvages, les églises romanes, les villages, les cascades ! En fait, il pleut sans discontinuer pendant tout le voyage. Le soir, à l'hôtel, pas d'autre ressource que de se coucher pour avoir chaud et de lire pour se distraire. Ils relisent Maupassant. Du moins le croit-il, car elle ne l'a, quant à elle, jamais lu ! Ils parcourent le *Voyage aux Pyrénées* de Taine, et elle fait semblant de regarder les illustrations de Gustave

Doré. Elle regarde surtout cet homme à côté d'elle, si fragile et si jeune, et elle se demande ce que pourrait être l'avenir avec lui. Il parle de beaucoup de choses dont elle ignore tout, mais elle a trop d'esprit pour ne pas donner l'impression de tout comprendre. À l'aube, ils font le tour de l'hôtel par le balcon circulaire : ils ont l'impression d'être sur un bateau. Ils se penchent par-dessus le bastingage... Tout n'est que ruissellements et bruines. Ils prennent le train. Les wagons sont glacés et sombres. Il fait froid. Tout est imbibé d'eau.

Ils marchent. Christiane n'aime pas marcher. Elle se tord le pied dans ses chaussures de ville et il doit frictionner sa cheville avec du fixatif pour pastel ! Il lui montre des paysages sublimes : elle ne voit rien. Elle n'a jamais quitté Paris. Pour finir, elle est obligée de marcher pieds nus sur les sentiers du cirque de Gavarnie.

Elle regagne Paris. Camille se montre soucieux d'améliorer son sort... Mais la seule façon de l'améliorer véritablement, ce serait le mariage. Camille ne s'y refuse pas. Cependant il n'est pas facile de se marier et d'avoir des enfants alors que votre sœur vit une longue agonie. Et puis il n'a pas encore révélé son existence à sa famille. Car il est moins facile encore d'épouser une femme de si basse extraction.

*

Depuis déjà quelques années, Camille souhaite obtenir un poste plus important. Et qui lui laisse davantage de liberté encore. Voici justement qu'un concours s'ouvre afin de pourvoir une chaire de législation forestière à l'école de Nancy. Fort de son doctorat en droit, il pose sa candidature. Alexandre fait à nouveau intervenir Henri Queuille – lequel aura été ministre de l'Agriculture dans treize ministères différents ! Il s'empresse de répondre. « Vous pouvez être assuré, cher Monsieur, que mon représentant à la Commission d'avancement fera état des titres de votre fils. Mes sentiments les meilleurs et les plus dévoués. »

Or les appréciations portées sur Camille par ses supérieurs ne sont pas des plus encourageantes.

Sans doute celles de son chef direct sont-elles mesurées – et prudentes. Il voit en Camille un officier fort intelligent, pourvu d'une instruction générale très développée, surtout du point de vue littéraire. C'est un esprit original qui a beaucoup de facilités de travail, dit-il. Il a le caractère docile, un peu mou, aimable, et il est par ailleurs très distrait.

Les observations du conservateur sont, elles, franchement critiques. « Cet officier est lettré, musicien, peintre, juriste même, paraît-il... Mais il est de tempérament artiste, en outre sujet à des accès de neurasthénie qui amènent chez lui des absences, même physiques. Je suis quant à moi demeuré deux ans sans le voir, et son chef direct n'est que trop souvent dans la nécessité de se mettre à sa recherche pour le raiguiller dans la voie du service... Il est bien jeune, bien original, bien sujet à des absences, bien peu fervent au travail, et peut-être même bien peu vigoureux, physiquement et moralement, pour la personne d'un Professeur, de Droit surtout... »

Il est vrai que le conservateur ne voit pas d'un bon œil le départ d'un collaborateur qui, sans être un bon adjoint, est tout de même au courant des affaires. Le service risque d'en être complètement désorganisé.

Camille passe l'épreuve à Paris – une leçon d'une heure sur un sujet donné la veille. Sa candidature n'est pas retenue. Mais en compensation, et parce que la recommandation du ministre ne saurait rester lettre morte, il est nommé à Paris. C'est une enviable promotion : à trente-cinq ans, il va diriger la section du contentieux à la direction des Eaux et forêts.

L'histoire pourrait s'achever ici. La réussite de Camille récompense enfin les efforts et les souffrances de plusieurs générations. Alexandre meurt, dans les conditions que l'on sait, et la grande ombre qu'il a portée sur son fils semble s'estomper. Germaine meurt, et au chagrin se mêle un légitime soulagement. C'est comme une libération. Camille respire. Il va bientôt épouser Christiane. On dirait qu'il s'est affranchi de ses chaînes. Et une période active et créatrice va s'ouvrir qui durera presque dix ans. Tout lui réussit.

*

Jamais Camille n'a été aussi actif. Il fonde une revue forestière : *Fagot* ; une association d'artistes : « Les peintres amis de l'arbre ». Il soutient sa thèse de doctorat en droit ; elle sera bientôt publiée sous le titre *La Coutume forestière française*, un ouvrage à la fois historique et juridique sur la permanence des règles qui ont fondé la vie et l'exploitation de la forêt au cours des siècles. Jamais il n'a été autant sollicité par le mouvement des lettres et des arts. S'il continue à entretenir quelques relations avec les gens de son milieu et les intimes de la famille, il passe la plus grande partie de son temps avec ses amis artistes et peintres. Aux uns il doit d'être reçu chez Henry de Jouvenel, sénateur de la Corrèze, ancien journaliste, ancien ministre, ancien ambassadeur, mais qui sera surtout connu pour avoir été le second mari de Colette. Aux autres, de rencontrer Pierre Francastel, alors professeur de lettres à la faculté de Strasbourg, et qui sera connu comme créateur d'une moderne sociologie de l'art.

C'est à Pau qu'il s'est lié avec un petit groupe d'écrivains et d'artistes, et en particulier avec le peintre René Morère dont il a fait un ami très proche. Celui-ci a une dizaine d'années de moins que lui. Il est tuberculeux, il est homosexuel, il est terriblement dépendant de sa famille, il est malheureux. Il a commencé à se faire un nom : il a exposé au salon des Indépendants, en 1929. Une peinture amère et violente qui déforme et déchire le corps de la nature et le corps de la femme. Qui met en scène une colère et une révolte que Camille ne peut encore exprimer. Celui-ci trouve donc chez Morère une bonne représentation de ce qu'il croit être son propre malheur : la servitude, et de ses aspirations : l'Art. Il se reconnaît en cet homme qui vit chaque instant de sa vie comme une épreuve et pour qui l'exigence paternelle est très forte. Il y a en effet quelques similitudes entre l'histoire familiale de René Morère et celle de Camille Vingtras. Après de longues études, pour des raisons de santé autant que pour des raisons familiales, le père de René a dû renoncer à une carrière artistique et à une carrière de professorat d'art ; il s'est retrouvé menuisier au lycée Jeanson-de-Sailly, à Paris. Lui aussi, il a condamné son fils à réussir.

Alors, le soir venu, à Montparnasse ou place Saint-Michel, le monde des idées et des spéculations esthétiques, celui des choses de l'esprit, l'emporte enfin sur l'exécrable banalité du quotidien. Les images que Camille se fait de la création artistique – un univers magique qui se joue des contingences – lui évitent d'avoir à choisir entre ses désirs. Il ne veut pas abandonner les bénéfices de l'ancien monde, il veut profiter de tous les avantages du nouveau.

Naturellement, ces occupations multiples nuisent à son travail dans l'administration. Mais la direction des Eaux et forêts n'est pas trop regardante, et elle escompte légitimement les bénéfices qu'elle retirera un jour des activités un peu brouillonnes de cet officier brillant et original. On le laisse faire avec une grande tolérance... et une totale impuissance à le discipliner. Il a d'ailleurs obtenu de travailler chez lui. Bonne fille, l'administration a loué dans l'immeuble même où il demeure, rue de Presle, dans le 15e arrondissement, deux pièces pour lui servir de bureau. Camille est là encore à l'abri des contraintes : pas d'horaires, pas de limites, pas d'affrontements avec les autres.

Ils sortent beaucoup, Christiane et lui. Camille n'a pas une très grande résistance physique. Il fume beaucoup. Il tient mal l'alcool. Pourra-t-il maintenir longtemps ensemble les exigences contradictoires de la vie de bohème et du service public ? Il a eu jusque-là une vie relativement facile, et sans avoir jamais eu à prendre de véritables responsabilités. On lui a tout donné. On l'admire. On l'aime... Mais ils vont bientôt être nombreux à lui demander des comptes. Sa femme, l'administration des Eaux et forêts, le Châtelet et la ferme, la villa de Saint-Jean-de-Luz, le fils qui va lui naître, le receveur des contributions, la société tout entière vont lui demander de faire des choix. Ce qui suscitera évidemment sa souffrance et sa colère.

*

Après la mort de Germaine, Marie avait eu tout loisir de s'inquiéter de son fils dont le célibat se prolongeait. La brillante situation à laquelle il était parvenu exigeait sans plus tarder un mariage approprié, pensait-elle. Elle avait même un parti en vue : l'héritière vaguement noble mais tout à fait distinguée d'un château des environs.

Or Camille s'était résolu à épouser Christiane. La mariage eut lieu à Paris, à la mairie du 7e arrondissement et à l'église Saint-Pierre du Gros Caillou, en juillet 1931, un peu moins d'un an après la mort de Germaine. Dans l'intimité la plus stricte. Et en l'absence de Marie qui manifestait ainsi son hostilité à ce mariage avec une femme de condition sociale misérable. Elle était furieuse, rapporte-t-on. Par un coup d'audace inouï, en épousant la femme avec laquelle il vivait depuis cinq ans, Camille avait trouvé un moyen de résister à la volonté maternelle représentative de la loi familiale. C'était comme une forfaiture.

On oubliait qu'en épousant une femme de basse condition il demeurait fidèle aux origines sociales plus que modestes des Vingtras !

Mais ce que nul ne pouvait imaginer, c'était que Camille épousait Christiane justement parce qu'elle ressemblait à sa mère ! Et, en effet, elle correspondait tout à fait à la femme que Marie aurait pu idéalement souhaiter avoir pour belle-fille : une épouse concrète et solide comme elle, pleine de bon sens, énergique, tenace. Christiane était un double de Marie ! Comme si, par quelque mystérieuse prescience, par une de ces ruses machiavéliques que lui soufflait son inconscient, Camille avait anticipé son comportement à venir et s'était donné quelque sécurité : il pourrait toujours compter sur cette femme, qui était sans culture aucune, mais dont il pouvait être certain qu'elle saurait faire face dans les situations difficiles. Elle saurait toujours prendre en charge la vie quotidienne. Ainsi, disposerait-il d'une femme qui veillerait sur lui... comme une mère, et qui le dispenserait de voir la réalité en face.

*

Quelques mois après le mariage, Christiane vint tout de même au Châtelet et la population locale, folle de curiosité, découvrit l'épouse de Camille. On la trouva belle, enjouée, séduisante, aimable. Mais nul ne put savoir quelle était sa famille et si elle avait du bien. Les interrogations des dames et des demoiselles de la bonne société furent alors portées à leur paroxysme. Et comme la famille de Christiane ne leur avait pas été présentée, elles en déduisirent assez justement qu'elle n'était pas présentable !

Le Châtelet était encombré par le souvenir des morts qui s'étaient succédé en quelques années dans la famille. Le Dr Broquin, Alexandre, Germaine et, enfin, Aline Broquin qui était morte deux ans auparavant, impotente et gâteuse. Dans cette demeure lugubre, seule, fatiguée par vingt ans de dévouements et de tristesses, Marie semblait la rescapée d'un désastre.

On imagine toutes les mesquineries et les vexations qu'elle fit endurer à sa belle-fille en lui faisant valoir les us et coutumes auxquels il lui faudrait désormais se plier. Elle se gardait bien de le laisser entrevoir à Camille : son orgueil ne lui aurait pas permis de le tolérer. L'attachement de Marie Vingtras aux conventions sociales, son souci du bon ordre des choses, son insistance pour qu'il veuille bien prendre en compte les détails de la vie courante exaspéraient son fils. Et comme il était sans distance vis-à-vis de sa mère, incapable du moindre recul, il en résultait de violentes querelles.

Il y eut d'ailleurs entre la mère et le fils une scène particulièrement violente dont témoigne une lettre de Marie. Elle reproche amèrement à son fils sa conduite envers elle, ses insultes, ses paroles outrageantes... et même ses coups ! Elle attendait de lui quelques excuses, quelques mots du cœur. Rien n'est venu. Elle ne comprend pas... La lettre a été déchirée : il manque la partie inférieure. Au verso, Marie s'adresse à Christiane pour la remercier de ce qu'elle lui dit d'affectueux. Elle aurait bien voulu la traiter comme sa fille, écrit-elle, et il lui semble qu'elles se seraient bien entendues. Mais, après les scènes affreuses qui se sont passées, elle se tiendra loin d'eux, à son grand regret. Elle a le cœur trop endolori, des palpitations...

Tous les siens étaient morts. Son fils avait réussi sa vie – malgré un mauvais mariage dont elle avait finalement pris son parti. Elle pouvait maintenant s'occuper d'elle-même. Faire des voyages. Après une vie de sacrifices, elle était enfin libre. En fait, cette liberté n'avait désormais pour elle aucun sens. La suite de l'histoire ne la regardait pas. Elle n'avait plus aucune raison de vivre.

Elle mourut des suites d'un mauvais rhume, en 1935, à la fin de l'hiver, au retour d'un pèlerinage à Rome.

Et Camille était maintenant seul.

*

C'est à partir de 1936 que les choses commencèrent à vaciller.

Il y avait eu la mort de sa mère. Lui qui avait vécu toute sa vie les contraintes implacables de la famille, il s'en trouvait brusquement libéré. Il n'y avait plus ces repères ni ces limites qu'impose encore l'existence d'un parent. Il était seul. Il n'avait de comptes à rendre à personne. Et, en même temps, il se trouvait l'unique et ultime dépositaire de l'histoire familiale.

Il y eut la naissance de son fils, Michel, à la fin du mois d'avril 1936, entre les deux tours des élections qui donnèrent le pouvoir au Front populaire. C'était un motif de satisfaction. Pourtant cette naissance le perturbait bien plus qu'elle ne l'équilibrait. D'abord parce qu'un nouveau-né n'avait guère pour lui de réalité. Ensuite parce qu'il constituait une réelle menace : il venait s'interposer entre sa femme et lui et le dépossédait de toute l'attention à laquelle il estimait avoir droit. Et surtout c'était le symbole d'une responsabilité véritable : cet enfant l'obligeait à devenir père, c'est-à-dire à prendre ses responsabilités. Il constituait donc pour lui une entrave. Tout avait cessé d'être possible, et pour Camille, c'était parfaitement insupportable.

Il y aura le Front populaire qui représente naturellement pour lui un événement important. Non pas qu'il ait une grande conscience politique. Comme son père, il se reconnaît dans une droite républicaine modérée, attachée à quelques valeurs stables : le franc, la religion, la propriété, la France... Comme toutes les personnes que leur propre désordre intérieur menace, il est du côté de l'ordre plutôt que du côté du mouvement. Mais ce qui bouleverse le plus ce juriste, ce sont les occupations d'usine. Elles ne lui sont pas insupportables parce que leurs motifs seraient illégitimes ou parce qu'elles pourraient porter atteinte à la bonne santé des affaires et de cette économie mercantile dont il méprise les bassesses et les trivialités – on ne parle pas d'argent à table ! – mais simplement parce qu'elles sont illégales, hors du Droit.

Ce sont surtout le climat émotionnel de l'époque, l'atmosphère d'insultes, de haines et de vociférations, le déchaînement de passions, qui l'émeuvent. Les grèves, les manifestations, les débrayages, les séquestrations, les charges de police, les rumeurs d'attaques ou de coups d'État rameutent en lui des émotions obscures, d'autant plus troubles et inquiétantes qu'elles touchent au refoulé. Depuis des années, il n'est pas un matin qui n'apporte ses violences, ses menaces et ses inquiétudes. La guerre pointe partout son museau. L'Allemagne réarme et annexe l'Autriche. La guerre civile déchire l'Espagne.

Et des hauteurs de Saint-Jean-de-Luz où les Vingtras iront bientôt en vacances, ils verront le navire britannique mouillé à l'embouchure de la Bidassoa pour faire respecter le principe de non-intervention. Ils apercevront au loin Irun en flammes. Ils entendront la rumeur des réfugiés qui passent la frontière à Béhobie.

*

En avril 1937, Camille consulte le Dr Codet, ancien chef de clinique psychiatrique à la Faculté. Psychanalyste, il est l'auteur d'un opuscule sur *La pensée magique dans la vie quotidienne*, paru en 1934 chez Denoël et Steel dans la collection « Bibliothèque psychanalytique » qui a déjà publié des œuvres de Freud *(L'avenir d'une illusion, Malaise dans la civilisation)*, de Marie Bonaparte ou du Dr Allendy. Il y traite des conduites d'évitement de la réalité et il a donné son livre à lire à Camille.

« Il n'est pas agréable de reconnaître la tyrannie du monde extérieur, écrit Codet. Il est plus simple d'en nier, même contre l'évidence, la puissance implacable. »

Et Camille de souligner justement ces phrases. Tout en faisant en marge un commentaire qui semble illustrer le propos... mais qui montre qu'il n'en saisit nullement la signification ! Ses observations n'ont rien à voir avec la problématique exposée par l'auteur : Camille ne lit pas cet ouvrage, il en lit un autre, celui qu'il veut lire !

Le Dr Codet l'envoie quelques mois en cure de repos dans une clinique aux environs de Paris, à Meaule.

Et, en avril 1938, à quarante-quatre ans, Camille Vingtras ne fait plus partie de l'administration des Eaux et forêts. Il ne porte plus son uniforme.

11

Où le fils découvre le père et où l'on voit le prix à payer pour rompre le cycle des répétitions

Quels troubles avaient donc obligé Camille Vingtras à consulter un psychiatre ? Quels événements l'avaient conduit à quitter, volontairement ou non, l'administration des Eaux et forêts ?

Son fils ne disposait désormais d'aucune autre source d'information et sa quête semblait devoir s'achever sur ces questions. Une béance s'ouvrait ainsi sur cette période de la vie de Camille. Elle correspondait d'ailleurs aux premières années de sa vie à lui, Michel Vingtras, et il n'en avait naturellement aucun souvenir.

L'idée lui vint qu'il devait exister au ministère de l'Agriculture, dans les archives de la direction du personnel, un dossier Camille Vingtras comprenant les appréciations, nominations, avancements et correspondances diverses le concernant.

Renseignements pris, ce dossier existait en effet et se trouvait même au Centre des archives contemporaines, à Fontainebleau. Seulement, le délai légal de consultation d'un dossier de carrière était de cent vingt ans à partir de la date de naissance du fonctionnaire, et il s'en fallait donc d'un peu moins de vingt ans pour que Michel puisse y avoir accès. Il était cependant possible d'obtenir une dérogation. Michel écrivit aux Archives de France pour présenter sa demande et la justifier. Quelques semaines plus tard, il reçut une lettre l'informant que le ministère de l'Agriculture avait donné son accord, et la direction des Archives son autorisation.

*

C'était une grise matinée d'hiver. Il commença par se perdre dans Fontainebleau et il erra un long moment parmi les quartiers militaires, en songeant que dans l'un d'entre eux, en 1916, son père avait suivi le peloton des élèves officiers d'artillerie.

L'archiviste qui le reçut lui fit d'abord signer un papier selon lequel il prenait l'engagement de ne communiquer aucune information susceptible de porter atteinte à la sûreté de l'État, à la Défense nationale ou à la vie privée des personnes. Il lui précisa ensuite que, conformément à la communication des dossiers « en dérogation », toute photocopie lui était interdite. Puis il lui remit un petit dossier gris sur lequel le nom de Camille Vingtras était écrit en grosses lettres cursives.

Le premier sentiment de Michel fut l'étonnement : le dossier était si mince ! La vie de son père n'occupait-elle que ce tout petit volume – moins d'une centaine de feuillets ? Le second fut une émotion si intense qu'il faillit reposer le dossier sur le bureau de l'archiviste et s'en aller... Il était en train de transgresser un interdit ! Il allait découvrir la nudité de son père. Il allait trouver une vérité nécessairement terrible, une vérité cachée qui était aussi sa vérité. Sa conscience du temps soudain s'évanouit, comme si le passé et le présent, la vie de son père et la sienne, pouvaient maintenant se superposer.

Il prit place à une petite table de bois, près d'une baie vitrée d'où venait une lumière blanche. Il ouvrit le dossier qui retraçait, année après année, la position de Camille Vingtras à la direction des Eaux et forêts. Les chemises correspondant aux deux dernières années étaient un peu plus épaisses que les autres.

*

Ce sont les appréciations portées en 1936 par son supérieur, un conservateur des Eaux et forêts, qui livrent les premiers indices. Il se plaint des négligences de Camille Vingtras, qui a quitté sur sa demande le contentieux et qui est alors responsable de l'aménagement des forêts en Normandie. Il se plaint surtout des rapports qu'il omet de rédiger ou rédige en dépit du bon sens. Il a reçu de lui des réclamations étranges, des comptes rendus rédigés avec un luxe de détails et un étalage de connaissances sans relation avec leur objet. Il joint d'ailleurs à sa note une lettre dans laquelle Camille conseille très cavalièrement à son supérieur de confier le travail à un autre que lui ! Il y a là justement, dit Camille, un jeune officier frais émoulu de l'école de Nancy et qui fera parfaitement l'affaire. Il saura, lui, décrire la constitution de la forêt de Lyon, c'est-à-dire la répartition des différentes essences, tâche dont Camille était alors chargé. Le conservateur joint également à sa note la lettre rectificative qu'il a reçue le lendemain : avec une ironie et un mépris cinglants, l'inspecteur des Eaux et forêts Vingtras prie le conservateur de bien vouloir lire le mot *consistance* à la place du mot *constitution*... La consistance de la forêt ? Le conservateur avoue ne pas comprendre. Il se plaint en outre des accès de colère de Vingtras qui terrorisent ses collaborateurs. Colères généralement suivies de périodes dans lesquelles il se montre aimable, gai et même prévenant – ce qui désarçonne tout le monde – avant qu'il ne disparaisse pendant des semaines. Bref, son subordonné l'inquiète.

Mais voici une affaire plus sérieuse. C'est une lettre adressée par Camille au procureur de la République, et dont il a envoyé copie au directeur général des Eaux et forêts, M. Chaplain. Il y dénonce les agissements coupables d'un certain M. Guinier, directeur de l'École nationale des Eaux et forêts à Nancy. Agissements qui seraient tolérés, couverts, encouragés par la direction elle-même. M. Guinier n'aurait-il pas maintes fois expliqué à ses élèves qu'il fallait faire du malthusianisme forestier ? À l'appui de ses dires, Camille joint un article paru dans une revue forestière et où le malheureux Guinier explique que les arbres « semenciers » – les arbres qui produisent beaucoup de semences – doivent être éliminés. En effet, ils n'auraient pas tant de semences s'ils étaient sains... Car il en va pour les arbres comme pour les hommes, dit-il ! Celui qui a trop de semence est un malade. À preuve : l'exaspération du sens génésique des tuberculeux qui est, selon lui, un fait bien connu.

La proposition – et la comparaison – suscitent chez Camille une véhémente protestation. « Le malthusianisme forestier de l'école de Nancy aboutit fatalement au malthusianisme humain », explique-t-il. Et, en demandant au procureur d'engager telles poursuites qu'il estimera nécessaires, il conclut abruptement : « Je suis entré à l'École de Nancy convaincu que l'avortement était un crime. J'en suis sorti convaincu que c'était une obligation. »

La direction classe cette lettre étrange ; elle a bien d'autres préoccupations.

Autre affaire. En 1937, cette fois. Et plus grave. Alors que les menaces d'un conflit avec l'Allemagne nazie se font chaque jour plus précises, Camille retourne au ministère des Armées son ordre de mobilisation en cas de guerre – en l'occurrence son affectation au centre militaire des Bois. Il en donne brièvement les raisons. « J'oppose et continuerai à opposer à l'autorité militaire une fin de non-recevoir absolue ! L'enseignement de l'administration à laquelle j'appartiens ruine complètement la notion d'obligation, et plus spécialement celle d'obligation militaire. C'est en pleine conscience de ma responsabilité que j'entends être traduit devant les tribunaux militaires ! »

Étonnement et inquiétude du ministère des Armées qui, en ces temps troublés, se demande s'il n'a pas affaire à quelque mouvement séditieux dans le corps des officiers eux-mêmes et écrit à la direction des Eaux et forêts. Celle-ci mène une enquête, prend conscience des bizarreries de cet inspecteur et rassure – si l'on peut dire – les militaires en leur expliquant que cet officier a manifesté au cours des derniers mois un trouble important de la conduite, des troubles de l'humeur, du jugement et du comportement.

Dans le même temps, Camille a refusé de payer ses impôts... Nul doute qu'il ne soit en train de manifester une certaine opposition à un certain ordre des choses.

C'est à ce stade qu'intervient le Dr Codet. Dans le dossier, figure le certificat qu'il a rédigé pour l'administration.

Il certifie avoir déjà suivi Camille Vingtras « pour des troubles nerveux variables comme allure et comme intensité. La reprise de ces troubles ainsi que le désordre marqué dans son activité générale et son comportement l'ont obligé à entrer le 18 juin 1937 pour observation et traitement comme pensionnaire libre dans une clinique spécialisée dans les affections neuro-psychiatriques ». Le Dr Codet estime que l'état de santé de Camille Vingtras peut entraîner de sa part des actes dont il n'est pas à même de juger l'importance, d'apprécier le mode de réalisation, de mesurer les conséquences. Il pense également qu'il a besoin d'une cure de repos, d'isolement et d'un traitement approprié pour une période qui ne saurait être inférieure à quatre mois.

Mais, quatre mois plus tard, dès sa sortie de la clinique, Camille se remet à écrire de plus belle.

Il écrit au procureur de la République pour dénoncer un crime de forfaiture de la part du directeur général des Eaux et forêts – c'est toujours M. Chaplain –, « en ce qu'il tolère et a toléré au sein de son administration un enseignement provoquant directement à des crimes, délits, actes antisociaux, tels que rébellion militaire, séduction, avortement, abandon de famille ».

Il écrit à M. Chaplain lui-même pour lui signaler qu'il a porté plainte contre lui pour provocation au meurtre et qu'il s'est constitué partie civile.

Il écrit à la direction du personnel de l'administration des Eaux et forêts, en réponse à une banale demande de renseignements administratifs, pour expliquer justement qu'il refuse de répondre. Il n'y a pas lieu, dit-il, de fournir des renseignements à une administration dont les chefs se sont spécialisés dans la diffamation criminelle ! Et il envoie sa lettre à une adresse erronée. On comprend que ce n'est pas par étourderie, mais pour bien montrer à ces gens-là qu'il les méprise – au point de ne même plus connaître leur adresse – qui est au demeurant sa propre adresse professionnelle !

Il écrit au ministre de l'Agriculture pour lui demander un rendez-vous : il a des révélations à faire sur les carences de ses chefs.

Il lui écrit à nouveau, quelques semaines plus tard. Et cette fois c'est une lettre de démission.

Le cabinet du ministre demande des explications et le directeur général s'emploie à les résumer dans une brève note : « Cet officier semble être actuellement, d'après la correspondance incohérente qu'il a adressée à l'administration, dans un état de fatigue mental incompatible avec son maintien en service. L'acceptation de sa démission serait toutefois désastreuse au point de vue matériel pour l'intéressé qui est marié et père de famille. » Et il propose sa mise en disponibilité, en attendant une mise à la retraite anticipée.

Camille accepte alors un entretien avec le médecin de la direction des Eaux et forêts, le Dr Abely, en présence de son propre médecin, le Dr Codet.

Suit le rapport du Dr Abély, en date du 7 février 1938.

« (...) M. Vingtras se présente correctement à nous mais ne tarde pas à montrer son exaltation. (...) Ses explications sont souvent filandreuses, frappantes par leur incohérence et leur absurdité qui contrastent avec son intelligence habituelle et où l'on découvre des complexes érotiques. (...) Par ailleurs, des symptômes surajoutés : mimiques discordantes, apparence de dissociation intellectuelle, grosse instabilité de l'humeur, amplification délirante nous font porter le diagnostic de psychose paranoïde en cours d'évolution progressive.

Cette maladie implique un pronostic sombre quant à la possibilité d'une amélioration et le rend définitivement impropre à toute activité professionnelle cohérente. (...) À signaler que, sur nos conseils, il accepte sa mise à la retraite qui, pense-t-il, lui permettra de poursuivre plus facilement son œuvre moralisatrice. Vaguement conscient des troubles de son intellectualité, il demande lui-même à passer devant la commission de réforme mais il exige : un avocat, la liberté de parole et la sténotypie de sa comparution. C'est pour protester qu'il a refusé de payer ses impôts, d'accepter son ordre de mobilisation, car il veut provoquer un gros scandale et secondairement déclencher une enquête pour démasquer l'antipatriotisme de ses supérieurs. »

*

Camille Vingtras avait donc perdu la tête. Psychose paranoïde ? Un vrai délire en tout cas. Et on comprenait le désir de l'administration de se séparer d'un officier dont elle pouvait craindre que sa « folie » ne le conduisît à quelque désordre plus grave. Ces messieurs de la direction des Eaux et forêts connaissaient leurs classiques : ils avaient lu Courteline et se souvenaient du triste sort que Letondu fait subir à M. La Hourmerie dans les bureaux de la direction des Dons et legs où officient les ronds-de-cuir ! Ils prenaient leurs précautions. C'était d'ailleurs Vingtras lui-même qui avait présenté sa démission – même si c'était dans une totale inconscience de la situation et de ses conséquences, ainsi que l'avait indiqué le Dr Codet –, et ils ne pouvaient mieux faire que de lui accorder une retraite proportionnelle.

Que s'était-il passé ?

Fragilisé, comme on l'a vu, dans un monde lui-même inquiet et fragile, soumis à des tensions de plus en plus fortes, Camille devait faire face aux émotions archaïques qui bouillonnaient en lui et qu'il avait pu jusqu'alors contenir au prix de quelques dépressions épisodiques. Que la structure de son moi s'affaiblisse, et c'était tout l'inconscient et tout le refoulé qui déferlaient sur lui risquant de l'emporter dans la folie. Sa capacité à confiner ses pulsions était faible, en effet, alors même qu'un idéal du moi très puissant l'obligeait à vivre au-dessus de ses moyens et lui interdisait ne serait-ce que le soupçon des violences qui grouillaient en lui.

La solution la plus économique retenue par son inconscient consistait à limiter les risques en construisant un univers où les frustrations quotidiennes ne l'atteindraient pas. Et où il pourrait laisser apparaître, mais sous une forme déguisée, sa revendication essentielle.

Quelle revendication ?

Mais faire enfin la peau à son père, à cet être malfaisant, à cet Alexandre le Grand, qui n'avait jamais cessé de lui nuire en lui faisant croire qu'il lui voulait du bien !

Ce père qui s'était fait bon, parfait, irréprochable, et même, comble de la perversité, malheureux ! Ce père qui s'était fait la tête d'un vrai dieu chrétien affligé par les péchés des hommes, acharné à faire de son fils un obligé qui lui ressemble, à crucifier ses enfants et à semer à pleines mains les catastrophes sur sa création ! Ce père qui lui avait gâché la vie en le menaçant sans cesse de la Loi, qui s'était toujours interposé entre sa mère et lui au moment où il avait le plus besoin d'elle ! Il allait enfin lui régler son compte, à cet Alexandre ! Il allait retourner contre lui une colère qu'il n'avait jamais osé exprimer tellement il avait eu peur de lui. Une colère et une haine qui n'avaient jamais cessé d'être là, à fleur de conscience, et qui l'étouffaient, et qui l'oppressaient, et qui paralysaient ses forces et son énergie.

Alors, pour en finir une bonne fois avec Alexandre, il s'était trouvé des substituts, des golems de père, des persécuteurs qui le poursuivaient de leurs exigences et de leurs menaces. Et ils étaient là, autour de lui, enfin à sa disposition, les dignes représentants du père castrateur : le directeur général des Eaux et forêts ou le directeur de l'école de Nancy, d'autres directeurs encore, que Camille pouvait tranquillement accuser de détruire l'ordre naturel de la forêt et d'en vouloir en même temps à sa propre vie.

Car c'étaient eux, au bout du compte, qui décidaient de la vie et de la mort de la forêt. Ils avaient sur elle tout pouvoir. Ils en étaient les maîtres. Ils la possédaient à leur guise et pouvaient en jouir comme ils le voulaient. Et ils donnaient des ordres absurdes à leurs subalternes, des hommes qui, comme Camille, vivaient avec la forêt, la connaissaient, l'aimaient et, dans une relation charnelle avec la nature, savaient ce qui était bon pour elle, comment il fallait l'entretenir et l'aimer, cette forêt maternelle aux richesses infinies qui avait nourri le développement de toutes les civilisations. Et eux, les directeurs de l'administration, par leur politique comme par leur enseignement, ils mettaient en péril l'avenir de la forêt, le destin de la mère patrie et la vie des enfants à naître. Ils prétendaient couper à leur discrétion les arbres porteurs de semences, les arbres gonflés de sève qui se dressent au sein des forêts et qui ont la consistance même de la vie ! Ils avaient sur eux droit de vie et de mort, comme s'ils étaient coupables, ces arbres, comme s'il fallait les punir de vivre et de répandre leur semence !

Ainsi la colère de Camille enfin pouvait se manifester, cette colère propre à l'espèce humaine, prix des renoncements qui justement la fondent et qui trouve ordinairement dans la guerre, le meurtre et la violence un exutoire, ou bien, se retournant contre celui qui la porte, dans l'accident, la maladie et la mort, une issue.

À la fin, Camille aurait révélé à tous l'ignominie du père. Lors des procès qu'on n'aurait pas manqué de lui intenter à la suite de ses provocations – le tribunal militaire pour son insubordination, la correctionnelle pour les délits fiscaux, la commission de réforme du ministère transformée en cour d'assises, avec avocats et sténographes, pour juger de sa démission – il aurait renversé l'ordre des accusations et aurait fait connaître à tous la turpitude des directeurs. Il serait alors apparu comme un homme de devoir qui dénonçait les agissements criminels du père. Acquitté, il serait sorti de l'ombre où celui-ci l'avait tenu. On l'aurait félicité. L'administration, la France et la forêt reconnaissantes lui auraient ouvert tout grands leurs bras et auraient pressé maternellement sur leur sein cet enfant qui avait été si mal aimé.

*

Il semblait à Michel que la folie de son père n'était pas, en cette période de l'avant-guerre, fondamentalement différente de celle des autres hommes. Au lieu de prendre les juifs, les francs-maçons, les cent-familles ou les bolcheviques pour persécuteurs, il avait choisi, beaucoup plus sagement, tout près de lui, des persécuteurs à sa mesure et beaucoup plus vraisemblables : les directeurs de son administration. Malheureusement, sa folie n'était pas recevable en cet endroit. Il avait eu le tort de se faire son délire à lui tout seul. En choisissant d'autres objets de haine, il aurait pu figurer honorablement parmi les bons Français qui ont de la terre de France à leurs semelles et qui luttent contre les métèques, contre les étrangers, contre tous ceux qui pourraient les empêcher de jouir du corps sacré de la Patrie.

*

L'histoire de Camille Vingtras finira bien.

Contrairement au pronostic du Dr Abely, les manifestations de sa « psychose paranoïde » s'estomperont assez rapidement – en fait dès qu'il aura quitté l'administration – et finiront par disparaître. Les difficultés de la guerre relativiseront les drames personnels en les noyant dans une folie plus vaste mais non pas différente.

Il se sera insurgé, Camille Vingtras, il se sera mutiné à sa façon, en prenant certes moins de risques que les soldats de 1917 qu'il avait défendus devant le Conseil de guerre. Il a commencé à se défaire des bandelettes parentales, sociales, religieuses, qui ligotaient son existence. Il aura dû s'inventer une autre vie – et pas nécessairement une vie sereine ! – avant d'être reconnu pour la singularité de ses choix et non pour sa soumission aux ordres reçus.

Il a décidé d'être peintre. Il va s'inscrire aux Beaux-Arts. Il expose. Il fait des conférences sur l'art. Il participe à des mouvements littéraires. Il se consacre enfin à des recherches historiques. Il écrit dans des revues savantes. Il se fait un nom qui n'appartient qu'à lui. D'une certaine façon, il aura accompli le projet de ses parents. Mais très tard, et pas du tout dans le domaine attendu. Il l'aura à la fois déjoué et réalisé. C'est toujours dans ce décalage, dans ce petit espace de souffrance, de piétinement, d'erreur et d'errance, que se crée un peu de liberté : une mise en échec de la répétition aveugle. Un espace pour défroquer, pour abandonner l'uniforme.

*

Et maintenant Michel Vingtras pouvait reconnaître la défaite de Camille. Sa faille, sa blessure. Et cela lui rendait son père plus humain, plus proche, plus émouvant, à cause de cette souffrance qu'il avait toujours pressentie sans pouvoir la comprendre ni la nommer. Une souffrance qui venait de lui être ici dévoilée dans ce qu'elle avait de plus intime et de plus déchirant et qui portait avec elle les souffrances des générations antérieures. Des souffrances qu'il pouvait maintenant prendre avec lui. Celle de Marie Rigaux, celle d'Antoine Vingtras et de son fils Vital, celle d'Alexandre, celle des Broquin et celle de leur fille Marie, celle de Germaine enfin et celle de Camille. Des enfants ignorés et en même temps investis de tous les désirs de la famille. Des petites filles qui croient toute leur vie en la toute-puissance du père. Des mères qui n'en finissent pas de vouloir restaurer les illusoires splendeurs du passé. Des pères faibles et qui n'arrivent pas à devenir des hommes.

Soumis à l'implacable volonté des ancêtres, ils avaient tous été tenus de vivre des vies qui n'étaient pas les leurs. Et pourtant ils n'en avaient pas moins éprouvé dans leur conscience et dans leur chair toutes les affres de la liberté.

Il lui apparaissait maintenant qu'il était bien le descendant, l'héritier d'Antoine, d'Alexandre et de Camille, ces rêveurs nostalgiques et angoissés, distraits en permanence par ce qu'il y a d'impossible dans la vie. Et il pouvait à son tour se demander de quelle mission réparatrice il avait été lui aussi chargé, de quelles secrètes douleurs il avait à rendre compte, de quels désirs inavoués il était le dépositaire.

C'était la suite de l'histoire. Mais c'était une autre histoire.

Un sourire lui venait, au terme de cette quête. De la tendresse, une infinie tendresse pour cet enfant, son père, qu'il lui semblait en cet instant avoir lui-même mis au monde. Un amour semblable à celui du père pour le fils, mais qui allait ici du fils vers le père, un père qu'il pouvait aimer davantage, à cause de sa trop humaine folie.

Imprimé en France
Imprimerie des Presses Universitaires de France
73, avenue Ronsard, 41100 Vendôme
Mars 2001 — N° 48 116